P9-CFV-489

(THE NEW GUIDE OF THE CONVERSATION IN PORTUGUESE AND ENGLISH)

By

Pedro Carolino

(José da Fonseca)

With an introduction by

MARK TWAIN

DOVER PUBLICATIONS, INC.

NEW YORK

Published in Canada by General Publishing Company, Ltd., 30 Lesmill Road, Don Mills, Toronto, Ontario.
Published in the United Kingdom by Constable and Company, Ltd., 10 Orange Street, London WC 2.

This Dover edition, first published in 1969, is an abridged republication of the first American edition ("reprinted verbatim et literatim") of *The New Guide of the Conversation in Portuguese and English,* as published by James R. Osgood and Company, Boston, in 1883, with an introduction by Mark Twain.
Sections omitted in the present edition because of their lesser interest are: Observação, Portuguese and English Vocabulary, Coins, and "Index of the Matters" (Table of Contents).
The publisher is grateful to the George Peabody Branch, Enoch Pratt Free Library, Baltimore, for lending a copy of the book for reproduction.

Standard Book Number: 486-22329-9
Library of Congress Catalog Card Number: 74-75099

Manufactured in the United States of America
Dover Publications, Inc.
180 Varick Street
New York, N. Y. 10014

INTRODUCTION TO THE OSGOOD EDITION.

BY MARK TWAIN.

In this world of uncertainties, there is, at any rate, one thing which may be pretty confidently set down as a certainty: and that is, that this celebrated little phrase-book will never die while the English language lasts. Its delicious unconscious ridiculousness, and its enchanting naïveté, are as supreme and unapproachable, in their way, as are Shakspeare's sublimities. Whatsoever is *perfect* in its kind, in literature, is imperishable: nobody can add to the absurdity of this book, nobody can imitate it successfully, nobody can hope to produce its fellow; it is perfect, it must and will stand alone: its immortality is secure.

It is one of the smallest books in the world, but few big books have received such wide attention, and been so much pondered by the grave and the learned, and so much discussed and written about by the thoughtful, the thoughtless, the wise, and the foolish. Long notices of it have appeared, from time to time, in the great English reviews, and in erudite and authoritative philological periodicals; and it has been laughed at, danced upon, and tossed in a blanket by nearly every newspaper and magazine in the English-speaking world. Every scribbler, almost, has had his little fling at it, at one time or another: I had mine fifteen years ago. The book gets out of print, every now and then, and one ceases to hear of it for a season; but presently the nations and near-and-far colonies of our tongue and lineage call for it once more, and once more it issues from some London or Continental or American press, and runs a new course around the globe, wafted on its way by the wind of a world's laughter.

Many persons have believed that this book's miraculous stupidities were studied and disingenuous; but no one can read the volume carefully through and keep that opinion.[1] It was written in serious good faith and deep earnestness, by an honest and upright idiot who believed he knew something of the English language, and could impart his knowledge to others. The amplest proof of this crops out somewhere or other upon each and every page. There *are* sentences in the book which could have been manufactured by a man in his right mind, and with an intelligent and deliberate purpose to seem innocently ignorant; but there are other sentences, and paragraphs, which no mere pretended ignorance could ever

[1] It will be observed here and there in the book, — among the thousand other signs of the author's innocence and sincerity, — that he has taken for granted that in our language, as in the languages of Continental Europe, the indefinite article has a *sex*. He thinks *a* is masculine, and *an* feminine. See his section headed "Degrees of Kindred." It would not occur to anybody to invent this blunder; but it is a blunder which an ignorant foreigner would quite naturally fall into.

achieve, — nor yet even the most genuine and comprehensive ignorance, when unbacked by inspiration.

It is not a fraud who speaks in the following paragraph of the author's Preface, but a good man, an honest man, a man whose conscience is at rest, a man who believes he has done a high and worthy work for his nation and his generation, and is well pleased with his performance: —

We expect then, who the little book (for the care what we wrote him, and for her typographical correction) that may be worth the acceptation of the studious persons, and especialy of the Youth, at which we dedicate him particularly.

One cannot open this book anywhere and not find richness. To prove that this is true, I will open it at random and copy the page I happen to stumble upon. Here is the result: —

DIALOGUE 16.

For to see the town.

Anthony, go to accompany they gentilsmen, do they see the town.

We won't to see all that is it remarquable here.

Come with me, if you please. I shall not folget nothing what can to merit your attention. Here we are near to cathedral; will you come in there?

We will first to see him in oudside, after we shall go in there for to look the interior.

Admire this master piece gothic architecture's.

The chasing of all they figures is astonishing indeed.

The cupola and the nave are not less curious to see.

What is this palace how I see youder?

It is the town hall.

And this tower here at this side?

It is the Observatory.

The bridge is very fine, it have ten archs, and is constructed of free stone.

The streets are very layed out by line and too paved.

What is the circuit of this town?

Two leagues.

There is it also hospitals here?

It not fail them.

What are then the edifices the worthest to have seen?

It is the arsnehal, the spectacle's hall, the Cusiom-house, and the Purse.

We are going too see the others monuments such that the public pawnbroker's office, the plants garden's the money office's, the library.

That it shall be for another day; we are tired.

DIALOGUE 17.

To inform one'self of a person.

How is that gentilman who you did speak by and by?

Is a German.

I did think him Englishman.

He is of the Saxony side.

He speak the french very well.

Tough he is German, he speak so much well italyan, french, spanish and english, that among the Italyans, they believe him Italyan, he speak the frenche as the Frenches himselves. The Spanishesmen believe him Spanishing, and the Englishes, Englisman.

It is difficult to enjoy well so much several langages.

The last remark contains a general truth; but it ceases to be a truth when one contracts it and applies it to an individual — provided that that individual is the author of this book, Senhor Pedro Carolino. I am sure I should not find it difficult "to enjoy well so much several languages" — or even a thousand of them — if he did the translating for me from the originals into his ostensible English.

HARTFORD, April, 1882.

PREFACE

A choice of *familiar dialogues*, clean of gallicisms, and despoiled phrases, it was missing yet to studious portuguese and brazilian Youth; and also to persons of others nations, that wish to know the portuguese language. We sought all we may do, to correct that want, composing and divising the present little work in two parts. The first includes a greatest vocabulary proper names by alphabetical order; and the second forty three *Dialogues* adapted to the usual precisions of the life. For that reason we did put, with a scrupulous exactness, a great variety own expressions to english and portuguese idioms; without to attach us selves (as make some others) almost at a literal translation; translation what only will be for to accustom the portuguese pupils, or-foreign, to speak very bad any of the mentioned idioms.

We were increasing this second edition with a phraseology, in the first part, and some familiar letters, anecdotes, idiotisms, proverbs, and to second a coin's index.

The *Works* which we were confering for this labour, fond use us for nothing; but those what were publishing to Portugal, or out, they were almost all composed for some foreign, or for some national little aquainted in the spirit of both languages. It was resulting from that corelessness to rest these *Works* fill of imperfections, and anomalies of style; in spite of the infinite typographical faults which some times, invert the sense of the periods. It increase not to contain any of those *Works* the figured pronunciation of the english words, nor the prosodical accent in the portuguese: indispensable object whom wish to speak the english and portuguese languages correctly.

We expect then, who the little book (for the care what we wrote him, and for her typographical correction) that may be worth the acceptation of the studious persons, and especialy of the Youth, at which we dedicate him particularly.

PHRASES FAMILIARES

FAMILIAR PHRASES

Trazêi-me *ôu* trága-me â fâca.	*Bring me a knife.*
Íde *ôu* vá buscár.	*Go to send for.*
Têndes *ôu* têm algúma côusa â mandár-me?	*Have you some thing to command to?*
Certificái-o *ôu* certifíque-o dâ mínha lembrânça.	*Assure-him from mi remembrance.*
Assegurái-lhe *ôu* assegúre-lhe â mínha amizáde.	*Assure him upon mi friendship.*
Pônde-me *ôu* pônha-me âos pés dâ senhôra L***.	*Assure Madam L*** from my respects.*
Íde *ôu* vá pâra diante.	*Hasten to.*
Chegâi-vos *ôu* chêgue-se â mím.	*Come near to me.*
Íde-vos *ôu* vá-se embóra.	*Go on.*
Esperái *ôu* espére úm pôuco.	*Stop a little.*
Íde *ôu* vá pôr lá ôu alli.	*Go thither.*
Â quem falláis *ôu* fálla Vm.?	*Which do you speak?*
Disséstes *ôu* dísse ísso?	*Have you say that?*
Entendêstes, ouvístes *ôu* entendêo, ouvío ô quê êlle dísse?	*Have you understant that he says?*
Pâra quê *ôu* dê quê sérve ísso?	*At what is employed that?*
Â quê propósito dísse êlle ísso?	*At what purpose have say so?*
Chegâi-vos *ôu* chêgue-se âo fôgo, âo lúme.	*Approach near the fire.*
Ajudái-me *ôu* ajúde-me.	*Help me.*
Têndes acabádo *ôu* acabôu?	*Have you done.*
Acabái *ôu* acábe.	*Finish it.*
Assentái-vos *ôu* assênte-se.	*Set down.*
Íde *ôu* vá cantár.	*Go to sing.*
Apprendêi *ôu* apprênda ô francêz.	*Learn the french.*
Íde-vos *ôu* vá–se deitár.	*Go to bed.*
Vâmos passeiár.	*Let us go take a walk.*
Vâmos tomár ár *ôu* espairecêr.	*Let us go to respire the air.*
Vâmos lá â pé.	*Let us go on ours feet.*

Vâmos pôr aquí.	*Go by here.*
Á mão dirêita, á dirêita.	*At right hand, at right.*
Á mão esquêrda, á esquêrda.	*At left hand, at the left.*
Vâmos tôdos júntos.	*Go together.*
Assentái-vos nô vósso ôu assênte-se nô sêu lugár.	*Set in your place.*
Apprendêi â vóssa *óu* apprênda â súa lição dê cór.	*Learn your lesson by heart.*
Dê quêm é êsse livro?	*Do which is that book?*
Têndes *óu* têm pênna ê tíncta?	*Have you a pen and ink?*
Á quê hóras vôs levantâstes *óu* sê levantou?	*At what o'clock is to get up?*
Ás déz hóras.	*At ten o'clock.*
Confiái-vos *óu* confíe-se êm mím.	*Put your confidence at my.*
Esperái-me *óu* espére-me.	*Stay for me.*
Entendêstes *óu* entendêu ô que êu dísse?	*Have you understant that y have said?*
Êm quê pensáis *óu* êm quê pênsa?	*At what do you think?*
Gostâis *óu* gósta Vm. dê café?	*Do you like the coffee?*
Temperái *óu* tempére â saláda.	*Season the salad.*
Afiái ô vósso *óu* afíe ô sêu canivéte.	*Sharpen your penknife.*
Nô princípio dâ semâna.	*In beginning of the week.*
Têndе *óu* tênha cuidádo n'ísso *óu* d'ísso.	*Take care of that.*
Pregái *óu* prégue isso côm úm alfinête.	*Fasten this with a pin.*
Têndе *óu* tênha â bondáde dê m'ô dizer.	*Do is so kind to tell me it.*
Â quêm pertênce *óu* dê quêm é êsse chapéo?	*At which is this hat?*
Com quêm pensáis *óu* pênsa Vm. tratar?	*At which belive you be business.*
Têm fílhos?	*Have him some children?*
Â quê hóras sê jânta?	*At what o'clock dine him?*
Vâmos bêm dê vagár.	*Go too softly.*
Trazêi-me *óu* trága-me lençóes bêm lavádos.	*Bring me some sheets very clean.*
Chamái *óu* châme â criáda.	*Call the servant.*
Chegái *óu* chêgue êssa cadêira pâra ô pé dê mím.	*Put nearer me this seat.*
Fizéstes *óu* fez Vm. â mínha commissão?	*Have you done my commission?*
Parái *óu* páre.	*Stay.*
Divertí-vos *óu* divírta-se â colhêr flôres.	*Amuse you to cull some flowers.*
Applicái-vos *óu* applíque-se âo estúdo êm quânto é môço.	*Apply you at the study during that you are young.*

Tomáda licènça, partí.	*Having take my leave, I was going.*
Ôra vós gracejáis *ôu* Vm. gracêja.	*You are to play, you play.*
Bêm está.	*Well.*
Tênde *ôu* tênha â bondáde dê passár *ôu* voltár.	*Be so kind to return.*
Disséstes *ôu* dísse Vm. ísso?	*Have you say that?*
Pâra *ôu* dê quê sérve ísso?	*At what is that?*
Gostáis *ôu* gósta dê sôpa?	*Like you the soup?*
Deixêmos ísso.	*Leave us that.*
Bebêi *ôu* bêba pôis.	*Drink then.*
Aquentái-me *ôu* aquênte-me â câma.	*Warm my bed.*
É ô melhór.	*That is better.*
Créde-me *ôu* crêia-me.	*Belives me.*
Ísso não é impossível.	*That is not impossible.*
Ísso é fálso.	*That is false.*
É úma mentíra.	*That is a lie.*
Túdo é úm.	*That is also.*
É â mêsma côusa *ôu* ô mêsmo.	*That is all right.*
Cômo dizêis *ôu* díz Vm.?	*What you say?*
Quântas vêzes têndes, têm casádo *ôu* casôu?	*How many times have you been married?*
Toucái-vos *ôu* tôuque-se.	*Dress your hairs.*
Começái *ôu* comèce.	*Begin.*
Continuái *ôu* continúe.	*Continue.*
Ísto *ôu* ísso não está bêm fêito.	*Thats is not well done.*
Ésta cárne é bôa?	*This beef is it good?*
Cantái *ôu* cânte úma ária.	*Sing an area.*
Buscái ô vósso *ôu* búsque ô sêu lívro.	*Look for your book.*
Cômo quizérdes *ôu* quizér.	*As you please.*
Ísso é bôm pâra â saúde.	*That is good for the health.*
Éste sítio é múito agradável *ôu* amêno.	*That place is too much gracious.*
É úma béllа *ôu* línda planície.	*That is a very pretty plain.*
Éstas sômbras são múi aprazíveis.	*These shades are very agreeably.*
Deitêmo-nos sôbre â hérva.	*Lay down on the grass.*
Éstas árvores fázem *ôu* dão bôa sômbra.	*This trees make a beauty shade.*
Ésses damáscos ê pêcegos fázem-me vír água á bôca.	*These apricots and these peaches make me and to come water in mouth.*
É signál dê bôm têmpo.	*That is sign from good time.*

Cômo ô sabêis vós *ôu* sábe Vm?	*How do you know it?*
É úm pequêno *ôu* cúrto invérno.	*That is a little winter.*
Cômo podêis *ôu* póde negál-o?	*How do you can it to deny?*
Ísso é verdáde *ôu* cérto.	*That is true.*
Ísso é certíssimo.	*That is very certain.*
Ísso é múi provável.	*That is most probable.*
Ísso é fálso.	*That is false.*
Ísso é múi obsequiôso.	*That is very kind.*
Ísso depênde dê vós *ôu* estâ ná súa mão.	*That depend on to you.*
Ésse vínho é dê má qualidáde *ôu* péssimo	*This wine is from bad quality.*
Irêi ésta nôite vêr â nóva péça.	*To day I shall go and the neu' piece see.*
Como passástes *ôu* passôu Vm.?	*How does you do to?*
Engraixái *ôu* engráxe-me ôs sapátos.	*Wax my shoes.*
Bêm vôs está *ôu* lhe está êsse chapéo.	*This hat go to well.*
Esses sapâtos são múito estrêitos *ôu* jústos.	*These shoes are too much narrow.*
Êssas bótas mê incommódão *ôu* molestão múito.	*These boots pinch me too much.*
Êste vestído assênta-vos *ôu* assênta-lhe bêm.	*This coat go to you very well.*
Ésse papél é passênto.	*That paper blot.*
É câso dê fôrca.	*That is a case hanging.*
Assím ô pensêi *ôu* crí.	*That is that I have think.*
É côusa decidída.	*That is a thing determined.*
Ísso não é *ôu* vái bêm.	*That is not well.*
Ísso respêita-me *ôu* tóca-me.	*That looks me.*
Enganái-vos *ôu* engâna-se n'ísso.	*That is who deceive you.*
Ísso desgósta-o *ôu* encolerísa-o.	*That is what make him angry.*
Cessái *ôu* césse éssa dispúta.	*Cease this dispute.*
Â cúlpa é vóssa *ôu* súa.	*That is of your fault.*
É hómem illitteráto.	*Is a illiterate man.*
Pônde *ôu* pônha ô sêu chapéo.	*Put one's hat on.*
Aquentái-vos *ôu* aquênte-se âo fogão.	*Warm you near the stove.*
Êsse dinhêiro não é vósso *ôu* sêu.	*That is not your money.*
São manjáres dê quê *ôu* dôs quáes devêis abstêr-vos *ôu* déve abstêr-se.	*That are the dishes whose you must be and to abstain.*
Ísso é descortêz *ôu* inurbâno.	*That is dishonest.*
Éssa dâma *ôu* senhôra é amável.	*This woman is delight ful.*
Ísso vôs está *ôu* lhê está lindamênte.	*That rest you admirably well.*
Ísso não básta.	*That it not sufficient.*

Êsse fogão fúma *ôu* fuméga.	*That oven fume or smoke.*
Ésta cárne não está assáz *ôu* bêm cuzída.	*This meat ist not too over do.*
Trinchái *ôu* trínche ésta frânga.	*Cut this pullet.*
Êste vínho é naturál.	*This wine is natural.*
Ésta tíncta está brânca *ôu* aguáda.	*This ink is white.*
Quanto prodúz *ôu* rênde â térra?	*How many the earth produce?*
Êste óculo *ôu* lunêta não présta.	*This spy-glass is good for nothing.*
Ésta *ôu* éssa lênha não árde.	*That wood not burn.*
Êste quárto está chêio *ôu* inçádo dê porçovêjos.	*This room is filled of bugs.*
É bastânte *ôu* básta.	*It is enough.*
Contái *ôu* cônte comígo.	*Count upon my.*
É úm mancêbo abastádo *ôu* endinheirádo.	*That is a young man who is well in its business.*
Éssa acção não é d'amígo.	*That is not of a friend trace.*
Êste síno têm sôm argentíno.	*This bell have of a clear sound.*
Éssa rapaŕiga é airósa.	*This girl have a beauty edge.*
Ísso não está âo alcânce dâ mínha vísta.	*That is not at the endeavour of my sight.*
É úma comédia assáz jocósa.	*That is a comedy too much pleasant.*
Êsse retráto é, está úm pôuco embellecído.	*This portrait is a little flatted.*
É úm estrôndo quê québra â cabêça.	*It is a noise which to cleave the head.*
Êsse bósque está chêio dê ladrões.	*This wood is fill of thief's.*
É hómem dê confiânça.	*It is a certain man.*
É hómem ardênte, arrebatádo.	*It is a blunt man.*
É hómem descortêz, incivíl, grossêiro.	*It is a dishonest man.*
Ísso não mê arrânja.	*That do not accommodate me.*
Ísso não mê tóca.	*It is not my business.*
Dê tôdo ô mêu coração.	*Willingty.*
Dispônha dô vóssô *ôu* sêu criádo.	*Dispose to your servant.*
Dái-me *ôu* dê-me algúma côusa pâra *ôu* â comêr.	*Give me some thing to eat.*
Dái-me *ôu* dê-me dê *ôu* â bebêr.	*Give me to drink.*
D'ônde víndes *ôu* vêm?	*Vhence do you come.*
Esperái *ôu* espére lá, *ôu* ahí:	*Stay there.*
Estái *ôu* estêja quiéto.	*Stay in repose.*
Dizêi-me *ôu* díga-me, póde saber-se?	*Tell-me, it can one to know?*
Dormís *ôu* dórme?	*You sleep?*
Aviái *ôu* avíe-se.	*Make haste.*

Rezái *óu* réze.	*Tell your prayers.*
Dizêi ô quê querêis *óu* díga ô quê quér.	*Tell that do you will do.*
Dizêi-me dô quê gostáis *óu* díga-me dê quê gósta.	*Tell-me that you like more.*
Despí-vos *óu* díspa-se.	*Undress you to.*
Dizêi-me *óu* díga-me que hóras são.	*Tell-me what o'clock is it?*
D'ônde víndes *óu* vêm?	*Whence do you come?*
Dê cása.	*From my house, at home.*
Dizêi-lh'o, sê querêis *óu* diga-lh'o, sê quér.	*Tell him it, if you will.*
Dái-me *óu* dê-me úm cópo dê vínho.	*Give me a glass of wine.*
Descêi *óu* dêsça.	*Go down.*
Dái-me *óu* dê-me úm descalçadôr.	*Give me a boot hook.*
Quânto â mim, sôu tôdo vôsso *óu* sêu.	*Of my side, I am your's.*
Desenrolái *óu* desenrôle êsse papél.	*Unroll this paper.*
Desatái *óu* desáte êsse embrúlho.	*Unbind this bundle.*
Dizêi-me *óu* díga-me ô sêu parecêr.	*Tell-me your sentiment.*
Dái-me *óu* dê-me ôutro cópo.	*Give me another glass.*
Dái-me *óu* dê-me lênha sêcca.	*Give me a dry wood.*
Dái-me, dá-me *óu* dê-me úm práto.	*Give me a dish.*
Dái-me *óu* dê-me obrêias.	*Give me any wafer.*
Dái-me *óu* dê-me lêite frescál.	*Give me some good milk newly get out.*
Dái-me *óu* dê-me pão mólle *óu* dúro.	*Give me some new bread or stale bread.*
Dái-me *óu* dê-mê, sê vôs *óu* lhê apráz, úma pitáda dô vósso *óu* sêu tabáco.	*Give me of you please a taking your's snuff.*
Justificái-me *óu* justifíque-me â sêu irmão.	*Exculpate me by your brother's.*
Êlle será á manhã inteiramênte livre.	*To morrow hi shall be entirely (her master) or unoccupied.*
Dêos vôs *óu* ô abençôe.	*God consacrate you.*
Devagár.	*Softly.*
Dái-me *óu* dê-me ôutra lição.	*Give me another lesson.*
Dansái *óu* dânse úm minuéte.	*Dance a minuet.*
Dizêi-me *óu* díga-me sím *óu* não.	*Tell-me yes or non.*
Porquê estáis *óu* está tão tríste?	*Why you are so melancholy.*
Quândo voltarêis *óu* vólta?	*How many time shall you be in return?*
Ê êu também *óu* igualmênte.	*And my also.*
É verdáde?	*Is it true?*

Côm effêito, assím é.	*Indeed, it is so.*
Entrái *ôu* êntre.	*Come-in.*
Élla não faz senão conversár ê palrár.	*She do not that to talk and to cackle.*
Ella não mê dísse náda *óu* nada me dísse.	*She do not tell me nothing.*
Escutái *óu* escúte, vínde *ôu* vênha cá.	*Listen'to, como hither.*
Entendêis *ôu* entênde ô francêz?	*Do you understand french language?*
Élla conhêce-me.	*She do know me.*
Estáis *ôu* está aínda nâ câma *ôu* deitáda?	*Are you in the bed yet?*
Acordái *ôu* acórde.	*A wake you.*
É já têmpo dê levantár?	*It is time to get up?*
Estáis *óu* está erguído?	*Are you up?*
Está vestída?	*It is she dressed?*
Âmbas são múito bonítas.	*She are both very fine.*
Entrái *ôu* êntre nô bárco.	*Go in the boat.*
Estáis *óu* está cançádo?	*Are you tired?*
Entrêmos n'êsse bosquête?	*Come us in this thicket?*
Déz hóras, pôuco máis *ôu* mênos.	*About at six o'clock.*
Élle adiánta-se.	*Go too fast.*
Élle atráza-se.	*Go too slow.*
Não ânda.	*It does not go.*
Estudái â vossa *ôu* estúde â súa lição.	*Study your lesson.*
Entrái *ôu* êntre.	*Come in.*
Escutái *óu* escúte, vínde *ôu* vênha cá.	*Hear me, come hither.*
Têndes *ôu* têm entráda côm êlle?	*Are you bind with him?*
Sôis *óu* é casádo?	*Are you marryed?*
Experimentái *ôu* experimênte ésta pênna.	*Try this pen.*
Riscái *ôu* risque aquélla palávra.	*Efface this word.*
Mandái-o *ôu* mânde-o buscár.	*Send-him to look for.*
Élla é feíssima *ôu* lindíssima.	*She is unhandsomest or finest.*
Levái–o *ôu* léve-o.	*Carry it away.*
Élla cuída nô govêrno dê súa cása.	*She take care from her house hold.*
Afastái-vos *ôu* afáste-se dô río.	*Remove you of the river.*
Élla móra *óu* assíste nâ rúa de***.	*She live in the street of****
Élla sábe bordár.	*She embroides.*
Nascêstes *ôu* nascêu Vm. êm Frânça?	*Are you born in France?*
Estudái *ôu* estúde máis.	*Study more.*
Evitái *ôu* evíte ô ócio.	*Avoid the idleness.*
Entrêmos n'êsse botequím *ôu* lója-dê-bebídas.	*Come in this coffee house.*

Élla aínda não têm vínte ânnos.	*She have not reach the twenty yars age.*
Élla affécta virtúde *óu* gravidáde.	*She make the prude.*
Entrâi *óu* êntre.	*Come in.*
Soletrái *ôu* solétre éssa palávra.	*Spell this word.*
Tíncta múito espêssa *óu* gróssa.	*An ink thickest.*
Élla têm sêmpre algúma côusa quê lhê fáz mál *ôu* â incommóda.	*She have always any thing which is it bad.*
Sôis *óu* é Vm. sêu parênte?	*Are you her relation?*
É assím quê vós usais *óu* Vm. úsa pâra comígo *ôu* â mêu respêito?	*Is so that you act for to me?*
Fazêi-me *ôu* fáça-me êste favôr.	*Do me this favour.*
Fazêi, fáça *ôu* cônte comígo.	*Count apon me.*
Á fé d'hómem dê bêm *óu* dê hônra.	*Faith of honest man.*
Fechái *óu* fêche â pórta *ôu* â janélla.	*Shut the door, or the window.*
Fazêi *óu* fáça â cortezía.	*Make the reverence.*
Fáz cálma *ôu* frío?	*Is it hot or cold.*
Façâmos úma côusa *ôu* côisa.	*Make a thing.*
Trazêi *ôu* trága pâra â mêsa ô cozído.	*Bring in dinner the beef.*
Fazêi-vos *óu* fáça-se cortár ôs cabêllos.	*Do you cut the hairs.*
Provái *ôu* próve êste vínho.	*Dry this wine.*
Vestí-vos *óu* vísta-se.	*Dress you.*
Vestí-me *óu* vísta-me.	*Dress me.*
Acabái *óu* acábe dê almoçár.	*Make haste from to breakfast.*
São ôito hóras dádas.	*Eight o'clock come to strike.*
Apressêmo-nos, aviêmo-nos.	*Hasten us, make haste us.*
Hôntem deitêi-me cêdo.	*Yesterday I was to bed betimes.*
É verdáde.	*It is true.*
É máis quê verdáde.	*It is not that very true.*
Parêce-me quê há três días não tênho comído náda.	*I think what there is it three days that I eat nothing.*
Êlle não sê quér calár.	*He will not hold one's tongue.*
Êlle não mê dísse náda.	*He do tell me nothing.*
Êlle náda saberá â êsse respêito.	*He shall know it nothing.*
Êlle sabía-o primêiro quê vós *ôu* Vm.	*He dœs know it before you.*

Não mê lêmbra.	*It not remember me.*
Há dôus annos quê mêu páe é môrto *ôu* morrêo.	*There is it two years what my father is dead.*
Tôdos são mórtos *ôu* morrêrão.	*They are all dead.*
São pérto dê *ôu* quási nóve hóras.	*It is almost nine o'clock.*
É têmpo dê jantár.	*It is time to dine.*
É têmpo dê vôs deitárdes *ôu* dê sê deitár.	*It is time for you to go to bed.*
Fáz béllo têmpo.	*It is fine weather.*
Irêmos êm carruágem?	*We shall go in the coach.*
Há múita frúcta este ânno.	*This year there is it many fruits.*
Fáz-se tárde.	*It become late.*
Fáz máo têmpo.	*It is bad weather.*
Fáz úm têmpo húmido, chuvôso, tempestuôso ê ventôso.	*It is a humid, rainy, stormy, and windy weather.*
Fáz cálma *ôu* frío.	*It is warm or cold.*
Chóve.	*It rains.*
Não chóve.	*It not rains.*
Cáhe pédra.	*It hails.*
Cáhe néve.	*It snows.*
Cáhe gêlo.	*It freezes.*
Fáz úma grânde tempestáde.	*It is a great storm.*
Fáz trovões *ôu* trovêja.	*It thunders.*
Fáz relâmpagos *ôu* relampêia.	*It lightens.*
Fáz vênto *ôu* vênta.	*It is the wind.*
Fáz grânde névoa *ôu* neblína.	*The fog is high.*
É cêdo.	*It is early.*
Não é tárde.	*It is not late.*
Há múito têmpo pâra ísso.	*There is time enough.*
É só mêio-dia.	*It is noon.*
É pérto d'úma hóra.	*It is almost an hour.*
É hóra-e-mêia.	*It is half past one.*
São quási dúas hóras.	*It is near two o'clock.*
Vái pâra â mêia-nôite.	*It gos to midnight.*
Não fáz múita cálma, nêm múito frío.	*It is neither very hot, nor too cold.*
Não têm fêito *ôu* havído primavéra.	*The spring have not had this year.*
Fáz úm calôr excessívo.	*It is an excessive warmth.*
Há grânde abundância dê frúcta.	*There is planty fruits.*

É necessário encelleirár ô trígo.	*It must to get in the corn.*
Êlle arrancôu-me ô lívro dâs mãos.	*He has pull me the book by hands.*
Rio-me nâ câra, e zômba dê mim.	*He laughs at my nose, he jest by me.*
Cuspío-me nô vestído.	*He has spit in my coat.*
Puxôu-me pêlos cabêllos.	*He has me take out my hairs.*
Dêo-me pontapés.	*He does me some kicks.*
Êlle fál-o dê propósito.	*He make them on purpose.*
Dêo-me úma bofetáda.	*He give me a box on the ear.*
Arranhôu-me â cára côm âs únhas.	*He has scratch the face with hers nails.*
Dêo-me na câra.	*He has strike in the face.*
Êlles quebrão-me â cabêça.	*They break my head.*
Comêça a envelhecêr.	*He bigins to be in years.*
Êlle têm saúde, ê êis ô principál.	*He is in good health, that is the principal.*
Fálta úm talhér.	*It want a cover.*
Fáz luár.	*It is light moon.*
Chóve â cântaros.	*It rains wery hard.*
Vái chovêr.	*It go to rain.*
Não há lugár *ôu* logar nâ platéia.	*There is not a place in the parterre.*
Hâ múita gênte *ôu* enchênte.	*There is it plenty people.*
Está rôto, rasgádo.	*He is tears.*
Apérta-me múito.	*It pinchs me enough.*
É múito bêm fêito.	*He is very well personate.*
É necessário *ôu* convêm, relêva retocál-os.	*It nurst to retouch its.*
Está crivádo dê dívidas.	*He is drowned of debts.*
Côm úm pistoláço fez-se saltár os miólos.	*He burns one's self the brains.*
Êlle brínca no jardim.	*He play in to garden.*
Recúsa casár-se.	*He refuse to marry one's self.*
Êlle prodíga ô dinhêiro.	*He lavishs his money.*
Náda há semelhânte *ôu* similhante.	*Such it is nothing.*
Êlle não é escrupulôso.	*He not tooks so near.*
Vále pesádo â ôuro.	*He is valuable his weight's gold.*
Há dê sobêjo.	*There is it enough.*
Êlle cáhe *ôu* cai nâ rêde.	*He fall in the net.*
Está irritadíssimo côntra vós *ôu* Vm.	*He is too provoked by you.*
Concórdão bêm júntos.	*They agree much together.*
Êlle ostênta presumpção.	*He sustains presumption.*
Êlle fáz quê ô crêião.	*He do increase one's self.*
Dísse-me múito bêm dê vós *ôu* dê Vm.	*He says me very well and you.*

É facéto.	*He has the word for to laugh.*
Náda há máis fácil.	*There is it nothing so easy.*
Cahío nâ lâma.	*He is falled in the dirt.*
Apeiôu-sê dô cavállo.	*He does go down from the horse.*
Perseguío-o vivamênte.	*He pursue him lively.*
Refugiôu-se êm mínha cása.	*He take refuge in my house.*
Não vôs *óu* lhê acontecerá mál algúm.	*It don't arrive you nothing.*
Não precísa vírdes *óu* vír.	*It is not necessary that you came.*
Êlle vencerá sêu camínho *óu* prosperará.	*He will do one's way.*
Está â sêu cómmodo *óu* é abastádo.	*He is content.*
Êlle náda têm dê túdo ísso.	*He has nothing by all that.*
Gósa dê crédito.	*He has credit.*
Êlle fáz ô diábo â quátro.	*He do the devil at four.*
Sábe montár â cavállo *óu* cavalgár.	*He know ride a horse.*
Mânda varrêr ô quárto.	*He make to weep the room.*
Têm ô braço quebrádo.	*His arm is broken.*
Têm úm buráco nã cabêça.	*He has a hole in head.*
É necessário pôr úm vídro nô mêu relójio.	*It wants put again a glass at my watch.*
Têve úm duélo, desafío.	*He was fighted in duel.*
Irêis *óu* irá Vm. âo theátro?	*Shall you go to the spectacle.*
Convêm sê óbre côm sinceridàde.	*It must to act with sincirity.*
Êlles brígão âmbos.	*They fight one's selfs together.*
Pôr pôuco não cahío, *óu* cahíu.	*He do want to fall.*
Êlle quér prejudicár-me.	*He endeavours to hurt me.*
Núnca devêmos zombár dôs infelízes.	*It must never to laugh of the unhappies.*
Êlle acába dê cantár.	*He come to sing.*
Élle hía partir *óu* estáva dê partída.	*He was go to part.*
Êlle perdêo tôdos seûs bêns ou havêres.	*He has tost his all good.*
É estimável tânto pôr nascimênto quânto pôr mérito.	*He is commendable so much by one's birth that by it merit.*
Êlle é póbre, mâs honrádo.	*He is poor, but honest man.*
Chovêo tôda â nôite.	*It was rain all night.*
Obrôu cômo hómem próbo *óu* honrádo.	*He does act by honour's man.*
Êlle furtôu-me ô lênço.	*He has rob my hand karchief.*
Êlle pregôu-me úma béllа pêça.	*He was act to me a good turn.*
Lançôu mão á espáda.	*He does put the sword in hand.*

Pôr pôuco ô não matárão.	*He was wanting to be killed.*
Êlle requébra tôdas âs mulhéres.	*He caresses all women.*
Fôi ferído mortalmênte.	*He was wounted mortally.*
É tão ríco cômo tú.	*He is as rich as you.*
Enganoû-se.	*He is mistaken himself.*
Êlle vêio aquí *ôu* cá múito cêdo.	*He cames here very early.*
Matál-o-há ás pauládas.	*He does kill him poniard blow's.*
Sería melhór empregár â brandúra.	*It should do metter and take in by the sweetness.*
Êlle tomôu bôas medídas.	*He has taken very much her mesures*
Êlle sábe vivêr *ôu* tratár.	*He do know to live.*
Êlle fêz-me míl civilidádes.	*He did to me a thousand civilities.*
É hómem dê bêm *ôu* honrádo.	*He is honest man.*
Não tráta côm sinceridáde *ôu* óbra sinceramênte.	*He do not act sincerely.*
Escréve-me pontualmênte tôdos ôs mêzes *ôu* câda mêz.	*He writes me all months regularly.*
Agradêço-vos *ôu* agradêço-lhe.	*I thank you.*
Rêndo-vos gráças *ôu* rêndo-lhe gráças.	*I give you my favours.*
Êu vôl-o supplíco *ôu* supplíco-lh'o.	*I supplicate you it.*
Fál-o-hei côm gôsto.	*I will do it with pleasure.*
Estôu-vos *ôu* estôu-lhe obrigádo.	*I am very glad to you.*
Sôu vósso *ôu* sêu criádo.	*I am your servant.*
Péço-vos usêis *ôu* úse livremênte comígo.	*I pray you to use it with me freely.*
Âmo-vos *ôu* âmo-o dê tôdo ô mêu coração.	*I love you all my heart.*
Só espéro âs vóssas *ôu* súas órdens.	*I don't expect than yours commands.*
Estôu prômpto pâra, *ôu* â servír-vos *ôu* â servíl-o.	*I am ready at your service.*
Sêi múito bêm ô que vôs *ôu* lhe dêvo.	*I know wellt hat I am indebted to you.*
Núnca mê esquecerêi.	*Never I forgot to.*
Estôu confúso dâs vóssas *ôu* súas civilidádes.	*I am confused all yours civilities.*
Não gósto dê tântas ceremónias.	*I don't love too much ceremonies.*
Crêio quê sím.	*I believe so.*
Crêio quê não.	*I believe not.*

Dígo quê sím.	*I say so.*
Dígo quê não.	*I say not.*
Apósto quê sím.	*I give one wage so.*
Apósto quê não.	*I give one wage not.*
Júro-vos *ôu* júro-lhe á fé dê fidálgo.	*I swear you faith gentleman.*
Pósso certificár-vos *ôu* certificár-lhe.	*I can assure you.*
Êu zombáva.	*I was laughing.*
Êu fazía-o pâra rír.	*I was made for to laugh.*
Consínto n'ísso *ôu* ísso.	*I consent it.*
Não mê oppônho â ísso.	*I don't oppose on.*
Dôu âs mãos.	*I give the hands to it.*
Estôu dê acôrdo *ôu* concórdo.	*I am in accord.*
Não quéro.	*I will not.*
Oppônho-me â ísso.	*I oppose me in that.*
Tênho appetíte *óu* vontáde de comêr.	*I have a good appetite.*
Tênho fóme.	*I have hungry.*
Eu comería dê bôa vontáde úm bocádo d'algúma côusa.	*I should eat a piece of some thing.*
Comí bastánte.	*I have eating enough.*
Estôu satisfêito *ôu* fárto.	*I am satisfied.*
Não tênho máis appetíte *óu* vontáde dê comêr.	*I have not more appetite.*
Tênho sêde *óu* grânde sêde.	*I have thirst or great thirst.*
Môrro dê sêde.	*I starve, I stifle thirst.*
Êu bebería dê *óu* com bôa vontáde úm cópo dê vínho.	*I should drinking a glass wine.*
Bebí assáz, bastânte *óu* múito.	*I have drinking enough.*
Não pósso bebêr máis.	*I cannot drinking more.*
Vôu á *ôu* â Frânça.	*I go to France.*
Vênho dô palácio.	*I come of the palace.*
Estôu bêm aquí.	*I am well here.*
Não dígo náda.	*I say nothing.*
Êu náda dísse.	*I do said nothing.*
Cálo-me.	*I am conceal.*
Êu não quéro calár-me.	*I will not to conceal me.*
Êu ouví-o dizêr.	*I have heard to say them.*
Núnca ô ouví dizêr.	*Never I have hcard to say it.*
Ouví-o dizêr hôje.	*I have heard to say it to day'.*
Não ô crêio.	*I believe it not.*
Êu lh'ô dirêi.	*I shall tell him it.*

Não lhê dirêi.	*I shall not tell him.*
Não fáço náda.	*I make nothing.*
Náda fiz.	*I have not done nothing.*
Não vôs ôuço *ôu* ò ôuço.	*I don't understand you.*
Não pósso ouvír-vos *ôu* ouvíl-o.	*I cannot understand you.*
Ôuço-vos *ôu* ôuço-o.	*I understand you.*
Êu vôs escúto *ôu* escúto-o.	*I hear you.*
Entêndo-vos bêm *ôu* entêndo-o bêm.	*I understand you well.*
Não sêí.	*I don't know.*
Não ô sêi.	*I don't know it.*
Não sêi náda.	*I do know it nothing.*
Conhêço-o.	*I know him.*
Não ô conhêço.	*I don't know him.*
Não ôs conhêço.	*I don't know them.*
Crêio quê â conhêço.	*I believe that I know her.*
Conhecí-a.	*I know her.*
Conhêço-a dê vísta.	*I know her by sight.*
Esquecí ô vósso *ôu* sêu nóme.	*I forgot your name.*
Têṇho â hônra dê â conhecêr.	*I have the honour to know her.*
Não mê lêmbra.	*I not remember them.*
Lêmbro-mê d'isso múito bêm.	*I do remember me very well.*
Tênho vinte ânnos.	*I have twenty years age.*
Têm trínta ânnos.	*I have thirty years age.*
Tênho úm fílho ê três fílhas.	*I have a son and three daughters.*
Estôu encatarroádo *ôu* endefluxádo.	*I am catched cold.*
Não fáço senão tussír ê cuspír.	*I not make what to coughand spit.*
Acabêi aquí.	*I have finished here.*
Tocái *ôu* tóque espinhêta.	*Play spinet.*
Tocái *ôu* tóque crávo.	*Play harpsichord.*
Tocái *ôu* tóque vióla.	*Play guitar.*
Não tênho têmpo.	*I have not the time.*
Convênho *ôu* consínto n'ísso.	*I consent it.*
Estôu múito fatigádo *ôu* cançádo.	*I am too much tired.*
Vêjo maçãs, pêras, avelãs, cerêjas.	*I see some apples, some pears, some hazel-nuts, and some cherries.*
Êu quizéra *ôu* querería ântes nózes ou castânhas.	*I will like better, some nuts or some chestnuts.*
Êu comería ântes éssas amêixas.	*I should eat of these plums.*
Vêjo ô árco-dâ-vélha *ôu* Iris.	*I see the rainbow.*
Não ouví o relójio.	*I have not heard the clock.*

Crêio quê não é *ôu* crêio não sêr tão tárde.	*I believe that is not so late.*
Súo *ôu* estôu suádo.	*I perspire.*
Môrro dê cálma.	*I dei of heat.*
Núnca sentí tál calôr.	*Never I have feeld a such heat.*
Núnca ví úm invérno tão frío.	*I never see a winter so cold.*
Vôu pâra *ôu* á escóla.	*I go to the school.*
Êu ô dirêi *ôu* dil-o-hêi âo méstre.	*I shall tell it to the master.*
Aínda não ácabêi.	*I have not done yet.*
Escrêvo ô mêu thêma.	*I write my exercise.*
Athé ônde dizêmos?	*Till say-us?*
Athé aquí.	*Till hither.*
Não sê mê dá d'ísso.	*I not care for it.*
Moêr-vos-hêi *ôu* moêl-o-hêi ás pancádas.	*I should kill-you to the blows with a stick.*
Estôu cérto d'ísso.	*I am certain of that.*
Não dígo náda.	*I say nothing at all.*
Apôsto quê ísso é.	*I wage that is it.*
Pósso affirmár-vol-o *ôu* affirmár-lh'o.	*I can assure you.*
Apósto ô quê vós quizérdes *ôu* Vm. quizér *ôu* queira.	*I wage that will you have.*
Não ô crêio.	*I don't believe that.*
Cústa-me â crêl-o.	*I hardly believe it.*
Não gracêjo.	*I laugh not.*
Não sêi náda.	*I know nothing.*
Êu vôs crêio *ôu* ô crêio.	*I believe you.*
Fíz ísso pôr gráça.	*I have done it for to jest.*
Consínto.	*I consent it.*
Agradêço-vos *ôu* agradêço-lhe.	*I thank you.*
Fál-o-hêi côm gôsto.	*I do make it with plesure.*
Sôu tôdo vósso *ôu* sêu.	*I am your's.*
Sôu vósso *ôu* sêu criádo.	*I am your servant.*
Só espéro âs vóssas *ôu* súas órdens.	*I don't expect that yours orders.*
Cáio êm *ôu* com fraquêza.	*I feel me to fail.*
Tênho múita sêde.	*I am very thirsty.*
Acábo dê bebêr.	*I como to drink.*
Bebí múito.	*I have trinked too much.*
Vênho dê minha cása.	*I como home.*
Vênho dê vóssa *ôu* súa cása.	*I como your house.*
Tênho préssa.	*I am pressed myself.*

Estôu *ôu* ácho-me bêm aquí.	*Here I am well.*
Não pósso ír-me.	*I cannot to go to.*
Irêi pôr ônde vós quizérdes *ôu* Vm. quizér.	*I shall go where you will do.*
Não dígo náda.	*I say nothing.*
Vôu vêr úm amígo mêu.	*I am going and see a my friend.*
Não articulêi úma só palávra.	*I have not said a word.*
Êu vôs escúto *ôu* escúto-o.	*I hear you.*
Sínto rumôr.	*I understand some noise.*
Súbe-o ântes dê vós *ôu* Vm.	*I was know it before you.*
Conhêço-o pôr fáma.	*I know him by name.*
Esquecí ô vósso *ôu* sêu nóme.	*I forgot your name.*
Bêm mê lêmbro d'êlle.	*I does remember much from him.*
Têuho quarênta ânnos.	*I have forty years age.*
Sôu viúvo.	*I am widower.*
Vôu começál-o.	*I go to begin.*
Cústa-me dár-me â entendêr *ôu* intendêr.	*I have pains on to concieve me.*
Comí bastânte.	*I have eaten enough.*
Têuho mêdo dô trovão.	*I am afraid of thunder.*
Não ouví ô relójio *ôu* âs hóras.	*I have not stricken the clock.*
Alugarêi úm camaróte.	*I will let a lodge.*
Não lí ô annúncio.	*I have not read the bill.*
Desêjo-lhe bôa saúde.	*I desire you a good health.*
Têuho dôr dê dêntes.	*I have tooth-ache.*
Ácho-vos *ôu* ácho-o côm bôa saúde.	*I find you a good health.*
Vôu erguêr-me *ôu* levantár-me.	*I go me to get up.*
Calcêi âs mêias dô avêsso *ôu* ás avéssas.	*I have put my stockings outward.*
Vôu provár úm pár dê sapátos.	*I go to try a pair shoes.*
Não pósso descalçár âs bótas.	*I cannot take off my boots.*
Vôu comêr úm bocádo.	*I go to eat a slice.*
Precíso tínta.	*It must me some ink.*
Não assignêi â cárta.	*I have not to sign the letter.*
Têuho negócios.	*I have some business.*
Não quéro incommodár-vos *ôu* incommodál-o.	*I not pretend to trouble you.*
Avíso-vos *ôu* avíso-o anticipadamênte.	*I prevent you before hand.*
Não ô fíz dê propósito.	*I have not done on purpose.*
Esperêi-vos *ôu* esperêi-o athé agóra.	*I have expect you till now.*

Admíra-me ô êlle não têr víndo.	*I astonish me that he should be come.*
Fíco-lhe múito obrigádo.	*I am very oblige to you.*
Alégro-me summamênte dê vôs encontrár *ôu* encontrál-o.	*I am very glade to meet you.*
Não pósso fazêr tántos gástos.	*I cannot to make as much expenses.*
Não dôu fé d'ísso.	*I not perceive that.*
Arranjár-vôs-hêi *ôu* arranjál-ô-hêi convenientemênte.	*I will accommodate you as it must do.*
Fiquêi assustádo *ôu* horrorisádo.	*I have been frightened.*
Estôu resolvído â destampár côm êlle.	*I am resolved to break off with him.*
Applacál-ô-hêi.	*I shall appease him.*
Custumál-ô-hêi â ísso.	*I shall accustom him on it.*
Múito mê alégro.	*I am very glad ones.*
Fíco pôr êlle.	*I answer by him.*
Tirêi-o d'apêrto.	*I took off him of perplexity.*
Oppônho-me â êlle.	*I oppose me at him.*
Estôu prômpto.	*I am ready.*
Espivitêí â véla.	*I have croped the candle.*
Resolví ír lá.	*I am resolved to go there.*
Êu vôu-me *ôu* çáfo-me d'aquí.	*I decamp me there.*
Vím tão depréssa cômo êlle.	*I came too fas thun him.*
Não fiquêi *ôu* mê demorêi lá úma semâna.	*I am not remained there a week.*
Mudêi dê cása.	*I am removed.*
Sôu máis fórte quê êlle.	*I am stronger which him.*
Rógo-vos lhê fallêis *ôu* rógo-lhe lhê fálle n'ísso.	*I pray to speak him in that.*
Não sêi quêm sôis, *ôu* quêm Vm. é.	*I do no which you are.*
Achêi-o êm cása.	*I have fond him at home.*
Dê náda mê quêixo.	*I not complain me from nothing.*
Servír-vos-hêi *ôu* servíl-ô-hêi êm tôda, *ôu* êm qualquér occasião.	*I shall serve you in whole occasion.*
Despedí-o *ôu* mandêi-o embóra.	*I have send him again.*
Irêi ônde quizérdes *ôu* quizér.	*I will go where you will do to.*
Fál-ô-hêi sê tivér têmpo.	*I shall make it if I have the time.*
Gastarêi quínze días nâ jornáda.	*I shall be four nights in road.*
Tênho vontáde dê vomitár.	*I have mind to vomit.*
Têuho calefrío.	*I have the shivering.*

Êu quizéra úm quárto dê dormír *ôu* úma alcôva.	*I will a bed room.*
Não quéro dormír nâ rúa.	*I will not to sleep on street.*
Tênho úm deflúxo dê cérebro.	*I am catched cold in the brain.*
Êu quizéra ír passeiár.	*I should go to walk myself.*
Farêi úm arrendamênto dê três ânnos *ôu* triénnio.	*I shall do a lease of three years.*
Êu quizéra comprár pânno.	*I would to buy some cloth.*
Quebrêi â móla-réal dô mêu relójio.	*I have broken the great spring of watch.*
Ensíno latím.	*I teach the latin.*
Rógo-vos *ôu* rógo-lhe entreguêis, *ôu* entrégue ésta cárta ônde é dirigída.	*I pray you to deliver that letter at her address.*
Partirêi â manhã pâra ô câmpo.	*I shall start to-morrow for the country.*
Decidí-o â partir.	*I have engaged him to part.*
Ví vósso irmão *ôu* sêu irmão há sêis días.	*I have seen your brother, there is six days.*
Acábo dê bebêr.	*I come to drink.*
Irêi á vóssa *ôu* á súa cása.	*I shall go at home.*
Sôu conhecído dô vósso *ôu* dê sêu páe.	*I am knowed of your father.*
Óbro cômo vós mê ordenástes *ôu* Vm. mê ordenôu.	*I act as you have ordered me.*
Estôu pôr ísso.	*I will it to.*
Achêi úm papél êntre ôs vóssos *ôu* sêus lívros.	*I have finded a paper among yours books.*
Náda tênho â dizêr-vos *ôu* dizêr-lhe.	*I have nothing for tell you.*
Êu quizéra fallár-lhe á cêrca dê negócio urgênte.	*I would to speak him as a pressing business.*
Cedí-lhe ô mêu lugár.	*I have yielded him my place.*
Gósto dô câmpo.	*I please me self in the country.*
Piquêi-me côm úm alfinête.	*I am pinking me with a pin.*
Não trúxe ô mêu relójio.	*I have not my watch on me.*
Aluguêi-lhe â mínha cása.	*I have leted him my house.*
Árdo êm desêjo dê â vêr.	*I dead myself in envy to see her.*
Sêi quê êlle gósta dê conversár.	*I know that he like to talk.*
Estôu agastádo côntra êlle.	*I am vexed by him.*
Dezempênho ô mêu devêr.	*I discharge me in my duty.*
Tómo *ôu* bêbo úm cáldo tôdas âs manhãs.	*I take a broth all morning.*

Apprendí ô francêz.	*I have learned the french language.*
Dóe-me â cabêça.	*My head is sick.*
Não tênho têmpo.	*I have no time.*
Não pósso demorár-me.	*I cannot to stayme.*
Conhêço-o dê vísta.	*I know him by sight.*
Tênho dê *ôu* dêvo sahír.	*I have to go out.*
Ténho dê *ôu* dêvo recebêr dinhêiro nô fím dô mêz.	*I have any money to receive at last month.*
Dár-vôs-hêi *ôu* dár-lhê-hêi ô sêu enderêço.	*I will give you on's adress.*
Refíro-me âo quê dizêis *ôu* díz.	*I report me at this you tell me.*
Não sôu tôlo.	*I am not to silly.*
Não entêndo *ôu* intêndo ísso.	*I not understand that.*
Não mê servís *ôu* não mê sérve pâra náda.	*I am good for nothing.*
Náda tênho quê dár-vos *ôu* dár-lhe.	*I have nothing to give you.*
Bêm sêi ô quê dêvo fazêr *ôu* mê compéte.	*I know well who I have to make.*
Não pósso isentár-me d'ísso.	*I cannot forbear me.*
Fúi comprimentál-o á cêrca dô sêu casamênto.	*I am going to congratulate him of her marryage.*
Ridiculizêi-o.	*I have ridiculed him.*
Vêjo n'ísso míl insuperáveis difficuldádes.	*I know there a thousand insurmountable difficulties.*
Não pósso recusár-lhe mínha amizáde.	*I may not him to refuse my friendship.*
Sêr-vos-hêi devedôr dô quê pôr êlle fizérdes *ôu* fizér.	*I shall be debtor than you shall make to him.*
Fîz úm grânde sacrifício.	*I have made a great sacrifice.*
Aínda estôu maravilhádo.	*I am overjoyed yet.*
Tomêi ô mêu partído *ôu* resolução.	*I have taken my resolution.*
Náda tênho â exprobrár-me.	*I have nothing to reproach me self.*
Sêi que têndes *ôu* têm gósto delicádo.	*I know you have a very nice style.*
Conhêço âs pessôas côm quêm tráto.	*I know my people.*
Tênho quê ír fazêr úma visíta.	*I have a visit to do.*
Não quéro entremettêr-me n'ísso.	*I will not to bring mi them.*
Só vôs dirêi *ôu* lhê dirêi dúas palávras.	*I shall not tell you than two woods.*
Êu ô prohíbo.	*I defend it.*
Affírmo quê não.	*I assure not.*
Não cáio n'éssa.	*I come not in there.*

Deixêmos êsses comprimêntos.	*Leave us these compliments.*
Deixái *ôu* dêixe ísso.	*Leave that.*
Á pórta está fecháda.	*The door is shurt.*
Á pórta está abérta.	*The door is open.*
Entendêis-lo *ôu* entênde-o bêm?	*Understand you it?*
Entendêste-a *ôu* entendêo-a?	*Have you understanded?*
Entendêste-âs *ôu* entendêo-as?	*Have you understand they?*
Sôube-o.	*Let him have know?*
Conhecêis-lo *ôu* conhêce-o?	*Do you know him?*
Conhecêis-la *ôu* conhêce-a?	*Do you know her?*
Conhecêis-los *ôu* conhêce-ôs?	*Do you know they?*
Conhecêis-las *ôu* conhêce-as?	*Do you know they to?*
Atacái-me *ôu* atáque-me.	*Lace me do.*
Lêde *ôu* lêia úm capítulo.	*Read a chapter.*
Â frúcta não vôs *ôu* lhê sérve.	*The fruit is good for nothing.*
Êil-a-aquí *ôu* êil-a.	*There is it.*
Eil-âs-aquí *ôu* êil-ás.	*There is them.*
Âs árvores estão florídas.	*The trees are in blooms.*
Ô trígo está fêito *ôu* madúro.	*The corn is ripe.*
Levantái-vôs *ôu* levânte-se promptamênte.	*Get up you quickly.*
Põe-se ô sól.	*The sum one's set.*
Fáz sól?	*The sun glisten?*
Â néve sê derréte.	*The snow melt one's.*
Ô trovão rônca.	*The thunder roars.*
Ô vênto mudôu.	*The wind is changed.*
Á tempestáde passôu.	*The storm is go over.*
Ô sól coméça â dissipál-a.	*The sun begins to dissipe it.*
Ô relójio dá hóras.	*The clock strike.*
Ouvís-lo *ôu* ôuve-o dár horás?	*Do you hear to strike?*
Â agúlha quebrôu-se.	*The needle is broken.*
Aquí está *ôu* êil-o.	*There is it.*
Â primavéra é â máis agradável dê tôdas âs estações.	*The spring is the more agreable all seasons.*
Ô têmpo está suáve.	*The weather is mild.*
Ô ár está temperádo.	*The air is temperate.*
Âs estações estão mudádas.	*The seasons are changed.*
Â colhêita será múito abundânte.	*The crop shall be too plentiful.*
Â cêifa está chegáda.	*The crop approach.*
Passôu ô verão.	*The summer is go out.*

Ô invérno não mê agráda.	*The winter no pleases to me.*
Ôs días são múito cúrtos *ôu* pequênos.	*The days are very short.*
Ôs días coméção â crescêr.	*The days begin to be grow.*
Agráda-me â primavéra.	*The spring please me too much.*
Lêde â vóssa *ôu* â súa lição.	*Reade your lesson.*
Quál preferís *ôu* prefére ?	*Witch prefer you?*
Está prômpto ô almôço ?	*The breakfast is it ready ?*
Está prômpto ô jantár ?	*Dinner is it ready ?*
Â nôite approxíma-se ?	*The night approachs.*
Ô sól já sê pôz.	*The sun is set already.*
Ô río está geládo.	*The river is taking.*
Â calçáda escorréga.	*The paving stone is sliphery.*
Cahío *ôu* cahíu ráio.	*The thunderbolt is falling down.*
Â lavadêira trôuxe â rôupa.	*The washer woman does bring the linen.*
Â estráda é segúra ?	*Is sure the road ?*
Ô camínho está chêio dê carrís.	*The way is even by ruts.*
Â calçáda-real é empedráda.	*The great road is paved.*
Ô camínho é horrível.	*The way is dreaful.*
Â carruágem *ôu* carruájem tombôu.	*The coach is versed.*
Ô casêiro é hómem honrádo.	*The farmer is a honest man.*
Â cása é mobiláda *ôu* trastejáda.	*The house is furnished.*
Ô jantár está nâ mêsa.	*The dinner is ready.*
Ô íman atráhe â sí ô férro.	*The loadstone attract to himself the iron.*
Ô exército fói iuteiramênte derrotádo.	*The army does defeal entirely.*
Ô río córre vagarosamênte.	*The river flows softly.*
Â térra gyra *ôu* gíra.	*The earth turn.*
Ô têmpo ameáça chúva.	*The weather is to the rain.*
Ô cochêiro conservôu-se fírme nâ almofáda.	*The coachman have fixed himself in the seat.*
Â bárca afundôu-se.	*The bark have drived into the water.*
Básta.	*That is enough.*
Está frêsco *ôu* êm bôns lençóes.	*There is it him into fine sheets.*
Âs apparências são-vos *ôu* são-lhe contrárias.	*The appearances are against you.*
Âs côusas estão n'êsse estádo.	*The things are over this case.*
Quê felíz nóva !	*This happy news !*
Â janélla está fecháda.	*The window is shut.*
Â janélla está abérta.	*The window is open.*
Vagarosamênte.	*Softly.*
Lêde *ôu* lêia diânte dê mím.	*Read befor me.*

Â água *ôu* ágoa está múi socegáda.	*The water is very tranquil.*
Âs rosêiras coméção â rebentár.	*The rose-trees begins to button.*
Âs espígas são múi comprídas.	*The ears are too length.*
Â hérva está húmida ê molháda.	*The grass is humid andwet.*
Âs manhãs são frías.	*The mornings are cold.*
Chêga ô invêrno.	*The winter comes.*
Ôs serões são lôngos.	*The evenings are length.*
Â tínta coálha.	*The ink not flow.*
Ligái âs vóssas *ôu* lígue âs súas lêtras.	*Bind your letters.*
Ô múndo mudôu múito.	*The world have changed too much.*
Avisál-ô-hêi ácêrca d'êste negócio?	*I shall inform him of this business.*
Dêixe ísso por mínha cônta.	*Leave me to do it.*
Âs côusas mudárão dê aspécto.	*The things have changet to aspect.*
Têm cócegas nâs mãos.	*The hands itch at him.*
Â côusa está cômo concluída.	*The thing is how done.*
Ê porquê não sê faría?	*The means to not make.*
Â fortúna zômba dôs hómens.	*The fortune play one's selve of the men.*
Ôs exêmplos são contagiósos.	*The exemples are contagious.*
Ô cmmêrcio cessôu.	*The trade do not go.*
Senhôr, fazêi-me ésta gráça.	*Sir make me thal favour.*
Mêu querído menino.	*My dear child.*
Mínha querída menína.	*My dear gilr.*
Mêu líndo ânjo.	*My handsome angel.*
Comêi *ôu* côma algúma côusa.	*Eat something.*
Â senhôra P*** não m' ô dísse.	*Madam P*** have not tell me it.*
Ouvís-me *ôu* ôuve-me?	*Don't you understand me?*
Entendêis-me *ôu* entênde-me bêm?	*Don't you understand me well?*
Ô senhôr F*** entênde-o?	*Mister F*** have understand it?*
Entendêste-me *ôu* entendêu-me?	*Have you understand me?*
Conhecêis-me *ôu* conhêce-me?	*Do you know me?*
Esquecêste-vos *ôu* esquecêu-se dê mím?	*Have you forgeted me?*
Ô senhôr A*** não mê conhêce.	*Mister A*** do not know me.*
A senhôra M*** conhêce-me.	*Mistress M*** know me.*
Mêu páe é môrto *ôu* morrêo.	*My father is dead.*
Mínha mãe é mórta *ôu* morrêo.	*My mother is dead.*
Mínha mãe tornôu â casár.	*My mother is married again.*
Assoái-vos *ôu* assôe-se.	*Blow your nose.*
Móstrái-me â vóssa *ôu* móstre-me â súa óbra.	*Leave me see your work.*

Pônde-vôs *ôu* pônha-se á mêsa.	*Come to the table.*
Pônde o guardanápo *ôu* pônha-o diânte dê vós *óu* dê Vm.	*Put your napkin before you.*
Comêi *ôu* côma sôpa.	*Eai some soupe, potage.*
Comêi-a *ôu* côma-a.	*Eat it.*
Comêi, bebêi *óu* côma, bêba leite.	*Take some milk.*
Pônde-lhê *óu* pônha-lhê ô sêu aventál.	*Lay him hir apron.*
Dái córda âo vósso *óu* dê córda âo sêu relójio.	*Mount your watch.*
Senhôr, êlle não quér deixár-me êm socêgo.	*Sir, he will not and to leave me in repose.*
Âpaguêi, matêi â sêde.	*My thirst is quench.*
Mínha mãe víve *ôu* exíste.	*My mother lives.*
Pónde *óu* pônha prátos nâ mêsa.	*Put the plats upon the table.*
Vestí *ôu* vísta â casáca.	*Put your coat.*
Conhecêis-me *ôu* conhêce-me?	*You put me again?*
Subí *óu* súba máis.	*Come a little more up.*
Mínha mulhér já voltôu?	*Is my wife to come back?*
Pônde *óu* pônha â mêsa.	*Put the table-cloth and covers.*
Mettêi-vos côm ôs vóssos *ôu* mêtta-se côm ôs sêus negócios.	*You continue from yours affairs, or business.*
Pônde *ôu* pônha ísso diânte dô lúme.	*Put that near the fire.*
Moderái *ôu* modére máis súas palávras.	*Help-to a little most the better yours terms.*
Comêi *ôu* côma algúma côusa.	*Eat some thing.*
Ô senhôr D*** nôl-o mandôu *óu* ordenôu.	*Mister D*** has to command us that.*
Aínda quê ísto mê custásse â vída.	*That should must me to cost my life.*
Não zombáis *ôu* zômba?	*Do not jest you to.*
Não vádes *ôu* não vá tão depréssa.	*Do not go so fast.*
Não mê toquêis *ôu* tóque.	*Do not touch me.*
Não lhê digáis *ôu* lhê díga ísto.	*Not tell-him that.*
Não digáes *ôu* díga palávra.	*Tell him nothing.*
Não lhês digáis *ôu* lhês díga.	*No tell them.*
Não ô dísse.	*No, I have not tell him.*
Não ô disséstes *ôu* ô dísse.	*Don't you have not telle-him?*
Não ô dissérão.	*Thi have not tell-him?*
Não façáes *óu* não fáça búlha.	*Do not make any noise.*
Não mê entendêis *ôu* entênde.	*Don't you understand me?*

Não ô entendêis *ôu* entênde ?	*Do you understand him ?*
Não ôs entendêis *ôu* entênde ?	*Do you not understand them ?*
Não ô sabía êlle.	*Does he not know that ?*
Não nôs conhecêmos.	*We know not-us.*
Não ô conhecêis *ôu* conhêce ?	*Don't you know him ?*
Não â conhecêis *ôu* conhêce ?	*Do you not know her ?*
Sômos tôdos mortáes.	*We are all mortal.*
Não, êu não fáço senão pestanejár.	*No, I have not that to slumber.*
Aínda não acordástes *ôu* acordôu ?	*Don't you are awaken yet ?*
Alimpái *ôu* alímpe ôs dêntes.	*Clean yours teeth.*
Alímpái *ôu* alímpe ôs pentes.	*Clean the combs.*
Não têndes *ôu* têm memória ?	*Have you not memory ?*
Não comáis *ôu* côma tânta frúcta.	*Do not eat so much fruits.*
Irêmos â *ôu* á Itália.	*We shall going in Italy.*
Só querêmos atravessár o río.	*We will not that to travel the river.*
Estâmos múito pérto dâ práia *ôu* márgem.	*We are very near on shore, on edje.*
Não vades *ôu* não vá tão deprêssa.	*Do not go so fast.*
Não sabêis *ôu* sábe quê hóras são ?	*Don't you know.what o'clock is it ?*
Não têmos primavéra êste ânno.	*We have not the spring that year.*
Têmos úm verão bêm quênte *ôu* cálido.	*We have a summer very hot.*
Terêmos múito fêno.	*We shall have too much hay.*
Precisâmos d'algúma chúva.	*We want a little rain.*
Estâmos nâ canícula.	*We are in the canicule.*
Chegarêmos cédo, aínda â têmpo.	*We shall arrive soon enough, in time.*
Não mê rasguêis ô lívro.	*Not tear my book.*
Não mê embaracêis *ôu* embaráce apprendêr mínha lição.	*Do not prevent me to study my lesson.*
Não vôs arredéis *ôu* sê arrêde d'ahí.	*No budge you there.*
Não façáis *ôu* fáça bulha.	*Do not make noise.*
Sômos amígos velhos.	*We are from anceint knowledge.*
Terêmos tempestáde.	*We shall have storm.*
Dê-lhe múi pôuco *ôu* pouquíssimo.	*Do not give him but little.*
Irêmos dár úm gyro *ôu* passêio.	*We shall go to make a walk.*
Chegámos.	*There are us arrived.*

Não tomêis *ôu* tóme ô camínho pôr ônde vím.	*Do not take the way from whence I am come back.*
Estâmos aqui â sálvo dê tôdos ôs perígos.	*We are here to the shelter of all dangers.*
Estámos perdídos.	*We are lost.*
Alimpái-me *ôu* alímpe-me ôs sapátos.	*Clean me my shoes.*
Êis-nos aquí finalmênte.	*There arc it us at last.*
Estâmos pérto dâ márgem.	*We are near at the edge.*
Custôu-nos múito â salvár-nos.	*We had been too much pain to save us.*
Julgávamo-nos tôdos mórtos.	*We were believing all deads.*
Não toquêis *ôu* tóque n'ísso.	*Do not touch there.*
Não vôs perturbêis *ôu* sê pertúrbe.	*Do not discompose you to.*
Não fallêis *ôu* fálle máis n'ísso.	*Do not speak more that.*
Estávamos *ôu* viámo-nos cômo perdídos.	*We were how lost.*
Nêm pôr ísso deixarêmos dê sêr bôns amígos.	*We shall not be less good friends for it.*
Túdo tínhamos êm abundância.	*We had whole things into abundance.*
Não dêixe dê ô fazêr.	*Do not fail to do it.*
Não vôs enfadêis *ôu* enfureçáis, *ôu* sê enfáde *ôu* enfurêça.	*Do not carry away for it.*
Sô estâmos êm mêio-camínho.	*We are no that half a way.*
Sím, êu vôl-o *ôu* lh'ô júro.	*Yes, I swear you.*
Tirái-vos diânte dê mím *ôu* dâ mínha presênça, *ôu* tíre-se diânte dê mím *ôu* dâ mínha presênça.	*Take off before me.*
Abrí *ôu* ábra â janélla.	*Open the window.*
Dissérão-m'o *ôu* dísse-sê-me.	*They told me that.*
Dissérão-ô *ôu* díz-se.	*One's told it.*
Não podêmos ouvír-nos.	*Do not might one's understand to speak.*
Sím, senhôr *ôu* senhôra.	*Yes, Sir or Madam.*
Ônde está â vóssa *ôu* â súa fáca, gárfo ê colhér.	*Where is your knife, your fork, and your spoon?*
Ônde está â vóssa *ôu* â súa grammática?	*Where is it your grammar ?*
Ônde estão súas mêias, sapátos, camisa ê sáia ?	*Where are their stockings, their shoes, her shirt and her petlicot ?*
Ônde irêmos ?	*Where shall we go ?*
Ônde está ô bárco ?	*Where is the boat ?*

Ônde estâo ôs barquêiros?	*Where are the watermen?*
Ônde querêis ou quér desembarcár?	*Where will you to land?*
Cegárão ôs prádos.	*They have mowed the meadows.*
Ônde ídes *ôu* vái tão depréssa.	*Where you go too fast?*
Ônde está ô vósso *ôu* ô sêu lívro.	*Where is your book?*
Ônde começâmos?	*Where we begin us to?*
Podêmos dâr-vos *ôu* dár-lhe crédito.	*One's can to believe you?*
Déspí *ôu* díspa â casáca.	*Take out your coat.*
Pergúntão-o.	*Ask him one's.*
Tírái *ôu* tíre ísso.	*Take up that.*
Tirái-vos *ôu* tíre-se d'ahí.	*Take off you there.*
Tirái *ôu* tíre êsses embrúlhos *ôu* trôuxas	*Take out they bounds.*
Ônde sê reférem *ôu* correspôndem êssas campaínhas?	*Where correspond they beils?*
Tírárão-vos *ôu* tirárão-o d'úm péssímo negócio.	*They have keep you from a bad thing.*
Achão-se raramênte mancêbos cordá-.tos *ôu* sisúdos.	*One's find-modest the young men rarely.*
Não sê póde *ôu* podêmos agradár â tôdos.	*If can't to please at every one's.*
Gásta-se múita lênha n'éssa cása.	*One's make use very much of the wood in that house there.*
Chamárão-lhê *ôu* tratárão-o dê temerário.	*They have treat him by rash.*
Ônde vái dár êste camínho *ôu* estráda?	*Where tend that way.*
Bátem á pórta, vêde *ôu* vêja quêm é.	*It knock one's the door, go to and see who is it.*
Quérem vêr-vos *ôu* vêl-o.	*It pray one's to see you.*
Náda vôs será *ôu* lhê será perdoádo.	*They shall excuse you any thing.*
Ô jantár vêm já pâra â mêsa.	*It go to briewng in dinner.*
Ônde acabâmos?	*Where finish it?*
Tirái-vôs *ôu* tíre-se dô mêu lugár.	*Take out of my seat.*
Isso só sê póde têr *ôu* alcançar difficilmênte.	*If can't have that who with difficulty.*
Passái *ôu* pásse adiânte.	*Pass in front of.*
Pâra vôs dizêr *ôu* dizêr-lhê â verdáde.	*For tell you truth.*
Falláis *ôu* fálla sinceramênte?	*Speak seriously?*
Podêmos crêr-vôs *ôu* crêl-o?	*One's can believe you do?*
Passái *ôu* pásse pôr aquí.	*Como to this way.*

Passái *ôu* pásse pór lá.	*Go to there.*
Fallái *ôu* fálle álto.	*Speak loud.*
Falláis-me *ôu* fálla-me ?	*Do you speak me ?*
Fallái-lhe *ôu* fálle-lhe.	*Speak to him.*
Falláis *óu* fálla francêz ?	*Do you speak french ?*
Póde-sê-vos *ôu* póde-sê-lhe perguntár ?	*If can do to beg you ?*
Não quê êu ô sáiba.	*Not, that I may know it.*
Tomái *ôu* tóme ésta camísa brânca *óu* laváda.	*Take that clean shirt*
Penteái-me *ôu* pentêie-me.	*Comb me.*
Aínda não.	*Not yet.*
Tomái *ôu* tóme sentído.	*Make care of.*
Tomái *óu* tóme â vóssa *óu* â súa óbra.	*Take your work.*
Encommendái-vos *óu* encommênde-sc â Dêos.	*Pray God.*
Porquê â não vestís *ôu* véste ?	*Why not you dress him ?*
Pôr ônde irêmos ?	*For whence shall we go ?*
Pôr aquí *ôu* pôr lá ?	*This way, there.*
Pendurái ô vósso *ôu* pendúre ô sêu chapéo.	*Hang up your hat.*
Porquê víndes *óu* vêm tão tárde ?	*Why you come so late ?*
Porquê vôs levantástes *ôu* sê levantôu tão tárde ?	*How you is get up so late ?*
Porquê mê empurráis *ôu* mê empúrra ?	*Why you push me ?*
Porquê mê dáis *ôu* dá ?	*Why you strike me ?*
Tomái *ôu* tóme êste rapáz ê açoitái-o *ôu* açôite-o múito bêm.	*Take that boy and whip him to much.*
Fallái *ôu* fálle êm *ôu* côm vóz báixa.	*Speak at low voice.*
Fallái-me *ôu* fálle-mê máis francamênte.	*Speak me more fronkly.*
Pôuco fálta.	*It wants very near.*
Emprestái-me *ôu* empréste-me algúns lívros.	*Lend me any books.*
Andái *ôu* ânde diánte.	*Go through in front.*
Cautéla côm ás carruágens.	*Take care to the coachs.*
Tomái *ôu* tóme sentído não vôs cortêis *ôu* córte.	*Take attention to cut you self.*
Acautelái-vos *ôu* acautéle-se dâ lâma.	*Take care to dirt you self.*
Dái *ôu* dê pênso âo mêu cavállo.	*Dress my horse.*

Já quê vós não sahís *ôu* Vm. não sáhe, tãobêm eû não sahirêi.	*Since you not go out, I shall go out nor I neither.*
Fallái, fallái *ôu* fálle, fálle.	*Speak, speak.*
Levái *ôu* léve ô vósso *ôu* ô sêu lívro côm vôsco *óu* côm Vm.	*Carry your book with you.*
Encostái *ôu* encóste ô bráço esquêrdo sôbre *ôu* nâ mêsa.	*Put your left arm upon the table.*
Acautelái-vos *ôu* acautéle-se.	*Take attention to you self.*
Talvêz quê â mínha presênça vôs sírva *óu* lhê sírva dê obstáculo.	*Perhaps that my presence shall you be a obstacle.*
Fallái *ôu* fálle sêm refôlho; dizêi *óu* díga ô quê sabêis *óu* sábe â êsse respêito.	*Speak unreserved, tell it whole that you know.*
Pôr ventúra, pôr desdíta, por acáso.	*Luckily, unhappily, by hazard.*
Fallái *ôu* fálle póis; dizêi *ôu* díga pôis ô quê é.	*Speak then, say who is it.*
Ém quânto ísso pasáva *ôu* acontecía.	*During that was over.*
Quê desejáis *ôu* deséja?	*What will you?*
Quêm ô duvída?	*Which doubt it?*
Môrra êu sê vôs *ôu* lhê mínto.	*That may dead if I lie you.*
Quê sê déve fazêr?	*What want it to make?*
Quê há â fazêr?	*What there is it to make?*
Quê farêmos?	*What we shall do?*
Quê mê aconselháis *ôu* aconsêlha quê fâça?	*What may you to counsel to do?*
Quê remédio há n'ísso?	*What remedy there is it for that?*
Quê querêis *ôu* quér comêr?	*What will to it?*
Quê buscáis *ôu* búsca?	*What look you for?*
Quê perdêstes *óu* perdêo?	*What have you lost?*
Quê dizêis *ôu* díz?	*What you say?*
Quê têndes díto *ôu* qué dísse?	*What have you said?*
Quândo ô ouvíste *ôu* ouvío dizêr?	*When have you heard and to say it?*
Quêm vôl-o *ôu* lh'ô dísse?	*Which has told you that?*
Quê díz êlle?	*What tells him?*
Quê díz élla?	*What tells her?*
Quê vôs dísse êlle?	*What have he told you?*
Quê vôs dísse élla?	*What have her told you?*

Quê fazêis *ôu* fáz?	*What do you make?*
Quê têndes fêito *ôu* fêz?	*What have you do?*
Quê fáz êlle?	*What do him?*
Quê fáz élla?	*What do her?*
Quê vôs *ôu* lhê fálta?	*What is it who want you?*
Quê procuráis, pedís desejáis *ôu* procúra, péde, desêja?	*What you ask?*
Porquê não respondêis *ôu* respônde?	*Why you not answer?*
Quê estrôndo, quê gritaría fazêis *ôu* fáz lá?	*What noise make you there?*
Quê é ísso?	*What is that?*
Quê dísse êlle?	*What has told him?*
Quê dízem *ôu* sê díz?	*What may tell one's?*
Quê quér dizêr ísto *ôu* ísso?	*What will to tell that?*
Quê querêis *ôu* quér dizêr?	*What will you to tell?*
Quê vôs *ôu* lhê parêce?	*What it seems you?*
Quê há pâra *ôu* â fazêr?	*What there is it to do?*
Quê desejáis *ôu* desêja?	*What will you do?*
Quê vôs *ôu* lhê agráda?	*What please you?*
Porquê não respondêis *ôu* respônde?	*Why you don't answer?*
Quê idáde têndes *ôu* têm?	*What is your age?*
Quê idáde têm vósso *ôu* sêu irmão?	*What is the age of your brother?*
Porquê não vôs aviáis *ôu* sê avía?	*Why you don't make haste?*
Porquê mê não ajudáis *ôu* ajúda?	*Why you no helps me to?*
Quê murmuráis *ôu* murmúra?	*What murmure you?*
Quê querêis *ôu* quér para ô vósso *ôu* sêu almôço?	*What will you for your breakfast?*
Quê diálogo lêstes *ôu* lêo?	*What dialogue have you read?*
Quê querêis *ôu* quér pâra â vóssa *ôu* súa merênda, pâra â vóssa *ôu* súa cêia?	*What you like for your light repast, your supper?*
Cômo está ô têmpo?	*How is the weather?*
Quê hóras são?	*What o'clock is it?*
Quê estação vôs *ôu* lhê agráda máis?	*What season please you more?*
Quêm vêm lá adiânte dê nós?	*Which come there before us?*
Quêm vôs *ôu* ô empúrra?	*Which is how push on you?*
Quê querêis *ôu* quér comêr?	*What will you vo it?*
Quê perdêstes *ôu* perdêo?	*What have you lost?*
Quê fazêis *ôu* fáz?	*What do you make?*
Quê idáde julgáis *ôu* júlga quê êlle têm?	*What age was giving you to him?*

Quêm *ôu* ô quê vôs *ôu* ô aprêssa tânto?	*What is it that hasten you so much?*
Quêm báte?	*Which is that who strikes?*
Quêm pergúnta pôr mím?	*Which is that than ask me?*
Quêm cála, consênte.	*That not says a word, consent.*
Â quântos estâmos hôje dô mêz?	*What time from the month you are to-day?*
Quê dizêm *ôu* há dê nôvo?	*What news tell them?*
Sêja â quêm fôr quê pergûnte pôr mím, dizêi-lhê *ôu* díga-lhê quê não estôu êm cása.	*Whoever which ask me, tell him that I am no in there.*
Quê lucrará côm ísso?	*What will profit him as for?*
Quânto cústa ísso?	*How much cost that?*
Quê podêis *ôu* póde dár-nôs pâra jantár?	*What can you give us for dinner.*
Dê quê prêço é êste alfinête?	*What is the price that pin?*
Quê título têm êste lívro?	*What is the title that book?*
Quêm fêz isto?	*Who has do that?*
Quândo tivérdes *ôu* tivér estudádo, brincarêis *ôu* brincará.	*When you shall have studiet, you shall amuse you self.*
Quê êlle sê vá embóra quânto ântes.	*That he may go quickly.*
Quê escrevêis *ôu* escréve?	*What write you?*
Quêm ô dísse?	*Which has told that!*
Quê negócio vôs *ôu* ô demorôu?	*What business has staced you?*
Quê têndes *ôu* têm nô ôlho?	*What have you on the eye?*
Quê ganharêi n'ísso?	*What shall I get for that?*
Quê partído *ôu* medídas devería êu tomár?	*What means or what measures should I do to take?.*
Quê mê impórta *ôu* mê fáz ísso?	*What is how make me that.*
Trátem-o cômo êlle merecêo.	*That use at him as he deserve.*
Quê quér dizêr *ôu* signifíca ísto?	*What will to tell so?*
Pôr melhór quê êu fáça.	*Some good that I can do.*
Expúlsem-o.	*That drive it away.*
Retirái-vôs *ôu* retíre-se.	*Draw out you.*
Voltái *ôu* vólte pâra cása.	*Go back again at your house.*
Refazêi *ôu* tornái â fazêr *ôu* refáça *ôu* tórne â fazêr túdo ísto.	*Do again all that.*
Ficái *ôu* fíque ahí *ôu* lá.	*Stay there.*

Respondêi-me *ôu* respônda-me, dizêi-me *ôu* díga-me sím *ôu* nâo.	*Answer me, yes or no.*
Descancêmos úm pôuco.	*Rest-us a little.*
Tornâmos *óu* voltâmos pâra cása?	*Return us at home.*
Olhái *ôu* ólhe ô vósso *óu* ô sêu relójio.	*Look at your watch.*
Náda têm ído pâra diânte *ôu* sê têm adiantádo.	*Nothing is advance.*
Estái *ôu* estêja quiéto.	*Rest tranquil.*
Concertái *óu* concérte ô vósso *ôu* sêu vestído.	*Mend your coat.*
Recuái *ôu* recúe.	*Go back.*
Tornái *óu* tórne â pôr êste lívro nô sêu lugár.	*Put again that book to their place.*
Voltái *ôu* vólte á manhã.	*Come again to morrow.*
Respondêi-me *óu* respônda-me.	*Answer me.*
Voltái *ôu* vólte lógo.	*Come again soon.*
Ficái *óu* fíque nô vósso *óu* sêu lugár.	*Stay in your seat.*
Reservái *óu* resérve ísso pâra ôutra vêz.	*Reserve that for an other time.*
Sê querêis *óu* quér.	*If you please.*
Sêm comprimênto.	*Without compliments.*
Sêm ceremónia.	*Without ceremony.*
Pêla mínha vída.	*Upon my live.*
Sabêis *óu* sábe temperár â vóssa *óu* súa vióla?	*Do you know and to tune your guitar?*
Sabêis *ôu* sábe â vóssa *ôu* â súa lição dê cór?	*Do you know your lesson by heart?*
São séte hóras dádas.	*Seven o'clock come to strike.*
Cuidái *ôu* cúide nô quê fazêis *ôu* fáz.	*Think that you do.*
Sêde *ôu* sêja pôis máis cordáto.	*Be then wiser.*
Sê êu estivésse nô vósso *ôu* sêu lugár, fál-ô-hía.	*If I was in your place, I sall do it.*
Sahí *óu* sáia.	*Cet out.*
Agarrái *óu* agárre êsse velháco.	*Seize upon this knave.*
Sahí *ôu* sáia d'aquí.	*Go out.*
Assoprái *óu* assópre ô lúme.	*Blow the fire.*
Ergâmo-nôs dâ mêsa.	*Come out the table.*
Conduzí *ôu* condúza fóra ô mêu cavállo.	*Bring out my horse.*
Sê êu tivésse â certêza d'êlle não chegár hôje, etc.	*If y was sure that he may not arrive to-day, etc.*

Sê élla é fêia, âo mênos é graciósa.	*One she is ugly, at-le ast she is gracious.*
São êsses ôs vóssos *ôu* sêus filhos?	*These children are your's?*
Sêu retráto é embotinádo.	*Their portrait is flatted.*
Súa afflicção mê commóve.	*Their affection moves me.*
Sê n'ísso está só ô pônto, etc.	*If he not hold what so, etc.*
Seguí *ôu* síga ô mêu consêlho.	*Follow my concil.*
Sê acontecêsse algúma desgráça.	*If it comes any misfortune.*
Sê vôs comportárdes *ôu* sê comportâr bêm.	*In that case you conduct well.*
Sê ôs negócios tivérem bôm éxito segúndo desejâmos.	*If the affairs might succeed according to our desires.*
Sê dá algúma cousa, arrepênde-se depôis.	*If he gives some thing, he repents one's self after that.*
Aquí têndes *ôu* aquí têm úma áza dê frângo.	*Look here there is a pullet wing's.*
Estái *ôu* estêja dirêita.	*Keep you well.*
Tôdas âs árvorcs estão bêm carregádas.	*All trees have very deal bear.*
Calái-vos *ôu* cále-se.	*Silence.*
Tôda â gênte ô díz.	*All people tell so.*
Estendêi *ôu* estênda â mão.	*Stretch the hand.*
Tôda â cidáde sublevôu-se.	*All town raise her selve.*
Aparái *ôu* apáre éssas pênnas.	*Make they pens.*
Endireitái-vôs *ôu* endirêite-se.	*Hold you better.*
Tôdos ô âmão.	*All people love him.*
Voltái *ôu* vólte â cabêça.	*Turn your head.*
Pegâi *ôu* pégue bêm nâ pênna.	*Hold right your pen.*
Câda úm póde enganár-se.	*Every man is exposed to mistake himself.*
Pôr pôuco quê sêja.	*On little that be so.*
Túdo sê ajústa optimamênte.	*Whole to agree one's perfectly.*
Tôda â família vôs *ôu* ô saúda.	*All family salutes you.*
Um têmpo inconstânte ê variável.	*A weather changeable and variable.*
Agóra dêo úma hóra.	*One clock comes to strike.*
Aínda não é úma hóra dáda.	*One clock is not stricken still.*
Ũm dê nóssos condiscípulos.	*Is a our school's companion.*
Ũm mâl *ôu* úma dôr nâ gargánta.	*A throat's ill.*

Vôsso *ôu* sêu humílde criádo.	*Your very humble servant.*
Vós sôis *ôu* Vm. é múi cortêz *ôu* serviçál.	*You are too much kind.*
Vós tomáis *óu* Vm. tôma múito incómmodo.	*You give you too much trouble.*
Não têndes *ôu* têm senão mandár.	*You have not that to command.*
Não têndes *ôu* não têm senão dizêr.	*You have not that to tell.*
Fazêis-me *óu* fáz-me múita hônra.	*You give me too muny honour.*
Querêis pôis quê *éu* commêtta úma incivilidáde?	*Will you then that I may commit an incivility.*
Têndes *óu* têm razão.	*You are in the right.*
Querêis *ôu* quér comêr máis?	*Will you to eat more?*
Vínde *ôu* vênha cá.	*Come here.*
Ídes *óu* vái múito depréssa.	*You are going to fast.*
Vínde *óu* vênha pôr aquí.	*Como this way.*
Dísse-vôl-o *ôu* dísse-lh'o êlle?	*How does say you it?*
Dísse-vôl-o *óu* dísse lh'o élla?	*She had said so?*
Falláis *ôu* fálla múito báixo.	*You speak slowly.*
Quebráis-me *ôu* québra-me â cabêça.	*You break my head.*
Atordís-me *óu* atúrde-me.	*You astound me.*
Sóis *ôu* é incómmodo *ôu* inquiéto.	*You are troublesome.*
Conhêce-vôs *ôu* conhêce-o êlle?	*Don't he know you?*
Conhêce-vôs *óu* conhêce-o élla?	*Are you know for her?*
Lembrái-vôs *ôu* lêmbra-se d'ísso?	*You does remember that?*
Sôis *ôu* é máis vélho *ôu* idôso quê êu.	*You are oldest that me.*
Dormís *ôu* dórme múito *ôu* demasiádo.	*You sleep too much.*
Estáis *ôu* está bêm adormecído.	*Are you sleep well.*
Vóssa *ôu* súa irmã está levantáda?	*Your sister is get up?*
Vós cahirêis *ôu* Vm. cahirá.	*You will fall do.*
Endefluxár-vôs-hêis *ôu* endefluxár-se-há.	*You shall catch cold one's.*
Não sabêis â vóssa *ôu* não sábe â súa lição.	*You not know your lesson.*
Querêis *ôu* quér almoçár?	*Will you to breakfast?*
Querêis *ôu* quér pão côm mantêiga?	*Will you some bread and some butter?*
Vós fazêis *ôu* Vm. fáz carrâncas.	*You make grins.*
Querêis *ôu* quér carnêiro?	*Will some mutton?*
Querêis *ôu* quér gôrdo *ôu* mágro?	*Will you fat or slight?*
Querêis *ôu* quér d'isto?	*Will you this?*
Querêis *ôu* quér úm ôsso?	*Will you a bon?*
Querêis máis?	*Will you more?*

Não dançáis *ôu* dânça bêm.	*You don't dance well.*
Ô vósso *óu* ô sêu méstre partío *ôu* fôi-se?	*Is start your master?*
Vós não cantáis *óu* Vm. não cânta bêm.	*You sing not well.*
Vós cantáis *óu* Vm. cânta múito bêm.	*You sing not very deal well.*
Está temperáda â vóssa *ôu* â súa vióla?	*Your guitar is it tuned.*
Não sabêis *ôu* não sábe náda.	*You know any thing.*
Não pronunciáis *ôu* pronuncía bêm.	*You not pronunce well.*
Vós não querêis *ôu* Vm. não quér trabalhár.	*You take no pain.*
Vínde *ôu* vênha ceiár.	*Come to sup.*
Adoecerêis *ôu* adoecerá.	*You will be sick.*
Querêis *ôu* quér quê êu â vísta pôr vós *ôu* Vm.?	*Will you than I dress her for you?*
Querêis *ôu* quér fazêr *ôu* dár úm gyro *ôu* passêio?	*Will you take a walk?*
Querêis *ôu* quér vír comígo?	*Will you come with me?*
Querêis *ôu* quér ír pôr már?	*Will you go in the boat?*
Querêis *ôu* quér ô bárco com úm remêiro *ôu* dôus?	*Will you a boat with a waterman or with two watermen?*
Éis úma bôa vísta?	*There is a good sight.*
Vêde *ôu* vêja quê hóras são.	*Look what o'clock is it?*
Aquí está *ôu* êis ô vósso *óu* ô sêu lívro.	*There is your book.*
Não fazêis *ôu* fáz senão jogár ê bríncár.	*You don't make that to play.*
Sôis *ôu* é úm preguiçôso.	*You are a sluggard.*
Sóis *óu* será açoutádo.	*You shall be whiped.*
Accusáis-me *ôu* accúsa-me falsamênte.	*You accuse me falsely.*
Adevinhástes *ôu* adevinhôu.	*You are divined.*
Tocástes *ôu* tocôu ô pônto.	*You have put the finger on.*
Sôis *ôu* é múi cortêz.	*You are very honest.*
Não têndes *ôu* não têm máis dô quê fallár.	*You have no that to speak.*
Não fazêis *ôu* fáz senão taramelár.	*You not make who to babble.*
Não sabêis *ôu* não sâbe ô quê acontecêo?	*You don't know who is arrived?*
Aínda vívem ôs vóssos *ôu* sêus páes?	*Yours parents does exist yet?*
Vêde *ôu* vêja cômo néva *ôu* cáhe névoa?	*Look as it snow.*
Vós têndes *ôu* Vm. têm má cára.	*You have bad look.*
Têndes *ôu* têm âs mãos sújas.	*Your hands are dirty.*
Querêis *óu* quér tocár rebéca?	*Will you to play the violin?*
Têndes *ôu* têm múita préssa.	*You are to pressed.*

Farêis *ôu* fará cômo quizérdes *óu* quizér.	*You shall do as it will please you.*
Sôis *ôu* é múito obsequiôso.	*You are so kind.*
Tênde *óu* tênha â bondáde d'ensinárme ô camínho.	*Will you do the goodness to show me the road.*
T is-me *ôu* tóma-me pôr ôutro.	*You take me for another.*
Sôis *ôu* é insupportável.	*You are insupportable.*
Sôis *ôu* é úm imbécil *ôu* estúpido.	*You are imbecile.*
Não fazêis *ôu* fáz senão gracejár.	*You not make what to jest.*
Caminháis *óu* camínha pôr címa.	*You walk on.*
Tambêm irêis *ôu* irá.	*You will going too.*
Vóssa *ôu* súa presênça não é necessária.	*Your presence is not necessary.*
Êis ô mêu enderêço.	*There is it my adress.*
Vóssas *ôu* súas naválhas-dê-barbeár estão sújas.	*Yours razors are no clean.*
Querêis *óu* quér jantár comígo ?	*Will you to dine with me ?*
Querêis *óu* quér almoçar ?	*Will you to breakfast.*
Vínde *óu* vênha âo pé *óu* júnto dê mím.	*Come by me.*
Êis ô vósso *ôu* ô sêu lênço.	*There is your handkerchief ?*
Vós mê detêndes *óu* Vm. mê detêm aquí.	*You amuse me there.*
Não fazêis *ôu* fáz senão palrár tôdo ô día.	*You not make that to prate all day's work.*
Êis ô hómem.	*There is it the man.*
Comêis *ôu* cóme metáde dê vóssas *ôu* súas palávras.	*You put out the half from yours words.*
Estáis *ôu* está adormecído.	*You are sleep well.*
Éis â vóssa *ôu* súa lição.	*There is it you lesson.*
Querêis *ôu* quér vír comígo ?	*Will you to come with me ?*
Sôis *ôu* é úm tríste camínhânte.	*You are a poor walker.*
Não escrevêis *ôu* escréve diréito.	*You no write well.*
Ganharíeis *ôu* ganharía máis n'isso *ôu* com ísso.	*You shall get better in that.*
Acáso já ralhêi côm vôsco *ôu* Vm. ?	*Never I have you rumbled ?*
Não vôs convêm *ôu* lhê convêm fallár assím.	*You have bad grace to speak upon the fate.*
Ísso é béllo *óu* líndo.	*Is there what is beautiful.*
Vós trabalhástes *ôu* Vm. trabalhôu múito.	*You have laboured very deal.*
Teríeis *ôu* tería pezár dê ô fazêr.	*You shall be very angry to do him.*

Sôis *ôu* é múito condescendênte pâra côm êlle.	*You have too great deal complacency to him.*
Tocástes *óu* tocôu ô álvo.	*You have attained to the marks.*
Não devêis *óu* déve temêr.	*You not ought to fear.*
Está acabádo.	*There is that is finished.*
Não sabêis *óu* sábe ô quê quér.	*You don't know that you may wil*
Perturbáis-me *ôu* pertúrba-me.	*You interompt me.*
Enganáis-vos *ôu* engâna-se pesadamênte.	*You mistake you self heavily.*
Vós lhê déstes *óu* Vm. dêu-lhe ô que merecía	*You gave to him that he would deserved.*
Vós tornáis-vôs *ôu* Vm. tórna-se bêm ráro.	*You come too rare.*

DIALOGOS FAMILIARES

FAMILIAR DIALOGUES

DIÁLOGO 1.	DIALOGUE 1.
Pára dâr ôs bôns días.	**For to wish the good morning.**
Bôns días, senhôr, cômo está Vm. ?	*Good morning, sir, how do you do to-day ?*
Múito bôm pâra ô servír.	*Very well, I thank you.*
Obrigadíssimo pêlo sêu obséquio.	*To much oblige to you.*
Alégro-me dê ô vêr côm bôa saúde.	*I am very glad and to see you in a good health.*
Prômpto pâra ô servír.	*I am ready at your service.*
Físco-lhe múito obrigádo.	*I thank you.*
Cômo está ô senhôr sêu páe ?	*How does your father do ?*
Pássa optimamênte.	*Very well.*
Ê â senhôra súa mãe ?	*And how is madam your mother ?*
Ácha-sê indispôsta.	*She is indisposed.*
Quê têm ?	*What ails her ?*
Está endefluxáda.	*She has got a cold.*
Múito ô sínto.	*I am very sorry to hear it.*
Â senhôra súa irmã índa está doênte ?	*Is your sister still unwell ?*

Ella não está dê tôdo sã ; mâs vái melhôr.	*She is not quite well yet ; but she is a great deal better.*
Fólgo múito.	*I am very glad to hear it.*
Cômo está ô senhôr sêu irmão ?	*How does your brother do ?*
Élle pássa bêm.	*He is very well.*
Estímo múito ; ônde está êlle ?	*I am very delight of it. Were is it ?*
Está nô câmpo.	*He is in country.*
Fáça favôr dê sentâr-se.	*Sit down.*
Dá úma cadêira âo senhôr.	*Give a seat to the gentilman.*
Não é necessário ; dêvo ír fazêr úma visíta aquí pérto.	*It is not necessary, it must go to make a visit hard by.*
Vm. têm múita préssa.	*You are too in haste.*
Brevemênte voltarêi : êu só vim pâra sabêr cômo Vm. estáva.	*I shall come back soon, I was no came that to know how you are.*
Tênha â bondáde dê comprimentár, dâ mínha pârte, tôda â súa família.	*Present my compliments to all your familly.*
Não faltarêi.	*I will not fail.*
Determína quê êu fáça algúma côusa pâra ô servír ?	*Can I make you some thing for your service ?*
Agradêço-lhe tánta hônra.	*Very grateful of your gracious offers.*
Adêos, senhôr.	*Fare well, sir adieu.*
Athé á vísta.	*Till I see you again.*

DIÁLOGO 2. / DIALOGUE 2.

Pâra fazêr úma visíta de manhã. / For make a visit in the morning.

Têu âmo está êm cása ?	*Is your master at home ?*
Sím, senhôr.	*Yes, sir.*
Já sê levantôu ?	*Is it up.*
Não, senhôr, índa dórme.	*No, sir, he sleep yet.*
Vôu acordál-o, ê fazêl-o erguêr.	*I go make that he get up.*
Pósso entrár ? Quê é isso ! aínda nâ câma ?	*It come in one's ? How is it, you are in bed yet ?*

Hôntem á nôite deitêi-me tão tárde, quê não púde levantár-me cêdo ésta manhã.	*Yesterday at evening, I was to bed so late that I may not rising me soon that morning.*
Então quê fizérão depôis dê cêia?	*Well! what you have done after the supper?*
Cantámos, dançámos, rímos ê jogámos.	*We have sung, danced, laugh and played.*
Â quê jôgo?	*What game?*
Âos cêntos.	*To the picket.*
Quânto mê pêza dê ô não têr sabído?	*Whom I am sorry do not have know it!*
Quêm ganhôu? quêm perdêo?	*Who have prevailed upon?*
Êu ganhêi máis dê trínta míl réis.	*I had gained ten lewis.*
Athé quê hóras jogárão?	*Till at what o'clock its had play one?*
Athé ás dúas depôis dâ mêia-nôite.	*Un till two o'clock after mid night.*
Â quê hóras sê dêitou Vm.?	*At what o'clock are you go to bed?*
Ás três-ê-mêia.	*Half pass three.*
Não mê admíro quê Vm. sê êrga tão tárde.	*I am no astonished if you get up so late.*
Quê hóras são?	*What o'clock is it?*
Quê hóras lhê parêce quê são?	*What o'clock you think is it?*
Crêio quê aínda não são ôito.	*I think is not yet eight o'clock.*
Sím, ôito! já dérão dés.	*How is that, eight clock! it is ten clock struck.*
Então vôu levantár-me depréssa.	*It must then what I rise me quickly.*
Adêos mêu cáro; dêixo-o. Sê êu podér vêl-o ás sêis hóras nâ cása-dêpásto dê***, jantarêmos júntos.	*Adieu, my deer, I leave you. If can to see you at six clock to the hotel from***, we swill dine togetter.*
Dê bôa vontáde. Até lógo.	*Willingly. Good by.*

DIÁLOGO 3. / DIALOGUE 3.

Pâra vestír-se. / For to dress him self.

João, despácha-te; accênde lúme ê véste-me.	*John, make haste, lighted the fire and dress-me.*

Já há fôgo, senhôr.	*The fire is lighted, sir.*
Dá-me â mínha camísa.	*Give me my shirt.*
Aquí está.	*There is it sir.*
Não está quênte; está múito fría.	*Is it no hot, it is too cold yet.*
Sê Vm. quér, vôu aquentál-a.	*If you like, I will hot it.*
Não, não; tráz-me âs mêias dê sêda.	*No, no, bring me my silk stocking's.*
Estão rôtas.	*Its are make holes.*
Dá-lhe úm pônto, ôu mânda-as concertár.	*Make its a point, or make to mend them.*
Dêi-as á palmilhadêira.	*I have done its tho the mender.*
Fizéste bêm.	*You are well done.*
Ônde estão âs mínhas chinélas?	*Where are my slippers?*
Êil-as.	*There is it.*
Ônde está ô mêu roupão?	*Where is it my night gown?*
Aquí está.	*There is it, sir.*
Pentêia-me; tóma ôutro pênte. Dá-me ô mêu lênço.	*Comb me, take another comb. Give me my handkarchief.*
Êis úm lavádo, senhôr.	*There is a clean, sir.*
Dá-me aquêlle quê está nâ mínha algibêira.	*Give me that how is in my pocket.*
Dêi-ô á lavadêira; estáva sújo.	*I have given it to the washerwoman, it was dirty.*
Trôuxe élla â mínha rôupa?	*Have she bring my linen?*
Sím, senhôr; ê não fálta náda.	*Yes, sir, it not fait nothing.*
Tráz-me ôs calções.	*Bring me my breeches.*
Aquí estão. Quê vestído quér hôje?	*There is. What coat dress you to day?*
Ô mêsmo dê hôntem.	*Those that I had yesterday.*
Ô alfaiáte há-de trazêr lógo ô vestído dê pânno.	*The tailor do owe to bring soon that of cloth.*
Âs mínhas bótas estão límpas?	*Have you clean my boots?*
Sím, senhôr.	*Yes, sir.*
Ôs mêus sapátos índa não estão engraixâdos?	*Have you wexed my shoes?*
Vôu engraixál-os já.	*I go wex its now.*
É-me necessário lavár âs mãos, â bôca, ê â cára.	*It must that I may wash my hands, the mouth and my face.*

Dá-me â bacía ê úm pôuco dê sabão. — *Give the basin and some soap.*

Quê graváta põe hôje? — *What cravat put you to day?*

Á prêta. — *A black cravat.*
Ônde está ô mêu chapéo? — *Where is my hat?*
Êil-o aquí, senhór. — *There is, sir.*
Dá-me âs húvas ê â bengála; porquê tenho dê saír. — *Give me my gloves and my stick it must I go out.*

DIÁLOGO 4. — DIALOGUE 4.

Dô passêio. — The walk.

Quér vir dár comígo úm passêio? — *Will you and take a walk with me?*

Fáz múita cálma. — *It is very hot.*
Esperêmos quê élla pásse. — *Wait for that the warm be out.*
Ônde irêmos? — *Where we sall go?*
Vâmos âo passêio públíco. — *Go to the public garden.*
Cômo quér quê vâmos? êm carruágem, ôu â pé? — *How will you that we may go it? in the coach, or on foot?*
Â pé, quê é bôm pâra â saúde. — *On foot, that is good for the health.*
Passêmos pôr êste prádo. Cômo â campína é bonita! cômo âs árvores estão frondósas! — *Go through that meadow. Who the country is beautiful! who the trees are thick!*
Béllo sítio pâra estúdo! — *That side is pretty well for to study.*

Ólhe quânto é formósa â perspectíva d'ésta lamêda! — *Look the walk that it present a good perspective.*
Sentêmo-nos á sômbra. — *Sit down us to the shade.*
Góze ô arôma dâs bonínas. — *Take the bloom's perfume.*
Façâmos úm ramilhête. — *Make a nosegay.*
Conhêce Vm. éssas senhóras quê pâra cá sê encamínhão? — *Do you know these ladies who come from our side?*
Parêce-me quê quérem assentár-se. — *It seems me who they look where to sit down noe's.*

Deixêmos-lhes êste bânco. — *Leave them this bench.*
Tomêmos pâra ô câmpo. — *Go the country's side.*
Parêce quê já ô trígo quér enverdecêr. — *It seems me that the corn does push alredy.*

Ôuve ô gorgêio dôs pássaros ?	*You hear the bird's gurgling ?*
Quê gôsto ! quê incânto !	*Which pleasure ! which charm !*
Agráda-me múito ô câmpo.	*The field has by me a thousund charms.*
Vm. é caçadôr ? Quér ír á cáça úm d'êstes días ?	*Are you hunter ? will you go to the hunting in one day this week ?*
Quéro ; não tênho maiór gôsto nêste múndo. Haverá múita cáça pôr êste sítio ?	*Willingly ; I have not a most pleasure in the world. There is some game on they cantons ?*
Ôs caçadôres dízem quê sím.	*The hunter say so.*
Voltêmos pâra cása, quê é tárde.	*Go back again at home, because it is late.*
Estôu cançádo.	*I am tired.*
Démos úma vólta múito comprída.	*We have done a great walk.*

DIÁLOGO 5. / DIALOGUE 5.

Dô têmpo. / The weather.

Quê têmpo fáz ?	*How is it the weather ?*
Ô têmpo está bôm. Ô têmpo é máo.	*It is good weather. It is bad weather.*
Hôje terêmos bôm día.	*We shall have a fine weather to day.*
Ô têmpo está nublôso.	*The weather is cloudy.*
Precisâmos dê bôm têmpo.	*We want a good weather.*
Ô câmpo péde água.	*The field wants some rain.*
Fáz névoa.	*There is some foggy.*
Chóve.	*It rains.*
Não chóve.	*It not rains.*
Chóverá tôdo ô día.	*It shall rain all day.*
Chóve â cântaros.	*It pours, it showers.*
Néva.	*It snows.*
Ás manhãs são frías.	*The mornings are cold.*
Fáz sól.	*The sun breaks out.*
Córre ár.	*It is very windy.*
Fáz cálma.	*It is hot.*
Estôu suândo.	*I perspire.*

Trovêja.	*It thunders.*
Relampêia.	*It lightens.*
Tênho mêdo dê trovões.	*I fear of the thunderbolt.*
Cahío ráio.	*The thunder has fallen.*
Sái o sól.	*The sun rise on.*
Põe-se ô sól.	*The sun lie down.*
Ô céo está estrelládo.	*The sky is starry.*
Fáz luár.	*It is light moon's.*

DIÁLOGO 6. — DIALOGUE 6.

Pâra escrevêr. — For to write.

Hôje é día dê corrêio; tênho quê escrevêr úma cárta.	*It is to day courier day's; I have a letter to write.*
Â quêm escréve?	*At which does you write?*
Vôu respondêr â... Chegárão cártas? Esperáva úma cárta dê...	*I go to answer to... They have bring the letters? I was expected a letter from...*
Não é aquélla? Véja sê é ésta?	*Is not that? look one is that.*
É pâra mím; mâs não conhêço â lêtra.	*It is for me, but I know not the writing.*
Ésta cárta é retardáda.	*This letter is arrears.*
Talvêz ficásse nô corrêio. Dê cá ô tintêiro; dêite-lhe tínta. Estas pênnas não préstão. Ônde está ô canivéte? Êm quânto acábo ésta cárta, fêche êsse máço, quê é pâra mêu prímo.	*It shall stay to the post. Bring me the inkstand, put in some ink. This pens are good for notting; where is the penknife? During I finish that letter, do me the goodness to scal this packet; it is by my cousin.*
Pôz â dáta? Ésta cárta não têm dáta.	*Have you put the date? This letter is not dated.*
Não mê assignêi. Á quântos estâmos dô mêz?	*I have not signed. How is the day of month?*
Â dôus, â três, â quátro, etc.	*The two, the three, the four, etc.*
Fêche éssa cárta; pônha-lhe ô sobrescrípto. Chegôu o corrêio?	*Fold that letter; put it the address. The courier is it arrived?*
Já comêção â dár âs cártas.	*They begin to distribute the letters already.*

Há cártas pâra mím ?	*That is some letter to me ?*
Não, senhôr.	*No, sir.*
Vá levár éstas cártas âo corêio.	*Go to bear they letter to the post.*

DIÁLOGO 7. / DIALOGUE 7.

Dô jôgo. / The gaming.

Gósta dê jôgo ?	*Do you like the gaming ?*
Não gósto dê jôgo. Só jógo pâra passár ô têmpo.	*I don't like the play.*
Â quê jôgo quér quê joguêmos ?	*At what pack will you that we does play ?*
Ás cártas.	*To the cards.*
Rapáz, dá-nos úm barálho dê cártas.	*Waiter, give us a card's game.*
Â quânto ô tênto ?	*How much the point, the counter ?*
Â úm cruzádo-nôvo.	*Three franks.*
É múito.	*It is too many.*
Dê Vm.	*You are to deal.*
Sôu mão.	*I am the first, I have the hand.*
Levânte.	*Cut, sir.*
Quê é ô trúnfo ?	*What is the trump ?*
Rêi-dê-páos.	*The club's king.*
Lávre três têntos.	*Mark three points.*
Bôm princípio !	*That is a good beginning.*
Quê péssimo jôgo ! nenhúm trúnfo !	*That bad game, there is not a trump.*
Â quêm tóca jogár ?	*What is to play ?*
Á senhôra.	*It is madam.*
Jógue.	*Play, if you please.*
Áz-dê-cópas.	*The heart's aces.*
Córto.	*I cut.*
Trúnfo.	*Trump.*
Não tênho. Tênho.	*I have no it, I have it.*
Tôdos pozérão, excépto Vm.	*Every one has played, except you.*
É verdáde, não tínha reparádo. Sôu bêm infelíz, sêmpre pérco !	*True. I had not seen it, I am very unhappy alwes I lose.*
Devêmos.	*We do ought.*
Tórne â dár.	*Deal again, repeat.*

Pôr ésta vêz tênho excellênte jôgo.	*This time, I have a great deal pack.*
Quêm jóga não fálla.	*Don't speak on in the play.*
Não mê vêja ãs cártas.	*You do not look my game.*
Ganhêi.	*I have the game.*
Estâmos êm páz.	*We are quits.*

DIÁLOGO 8. / DIALOGUE 8.

Côm ô alfaiáte. / With the tailor.

Póde fazêr-me úm vestído?	*Can you do me a coat?*
Sím, senhôr.	*Yes, sir.*
Tóme â medída.	*Take my mesure.*
Dê quê pánno ô quér?	*What cloth will you do to?*
Dô quê convêm âo têmpo, êm quê estâmos.	*From a stuff what be of season.*
Têm amóstras?	*Have you the paterns?*
Escôlha n'éstas.	*Choice in them.*
Quântos côvados necessíto pâra casáca, collête ê calção?	*How much wants the ells for coat, waist coat, and breeches?*
Sêis.	*Six ells.*
É múito.	*It is too many.*
Dê quê hêi-de forrár ô vestído?	*What will you to double the coat?*
Dê algúma coûsa dê dúra. Fío-me êm Vm.	*From some thing of duration. I believe to you that.*
Físque descançádo.	*You shall be satisfied.*
Quândo m'ô tráz?	*When do you bring me my coat?*
Quânto ântes.	*The rather that be possible.*
Êu quizéra-o pâra domíngo.	*I want it for sunday.*
Tráz-me ô vestído?	*Bring you my coat?*
Sím, senhôr, êil-o aquí.	*Yes, sir, there is it.*
Vm. fêz-me esperár múito.	*You have me done to expect too.*
Não púde vír máis cêdo.	*I did can't to come rather.*
Não estáva acabádo?	*It don't are finished?*
Ô fôrro não estâva cozído.	*The lining war not sewd.*
Quér provál-o?	*Will you try it?*
Vejâmos sê é bêm fêito.	*Let us see who it is done.*
Crêio quê ô há-de contentár.	*I think that you may be satisfied of it.*
Parêce-me bêm comprído.	*It seems me very long.*

Agóra úsão-se assím.	*It is so that do one's now.*
Abotôe-me.	*Button me.*
Êlle apérta-me múito ô pêito.	*It pinches me too much upon stomack.*
Pâra quê úm vestído assênte bêm, é necessário sêr jústo.	*That a coat go too well, it must that he be just.*
Não são âs mângas demasiadamênte lárgas ?	*The sleeves have not them great deal wideness ?*
Não senhôr, estão-lhe bêm.	*No, sir, they are well.*
Â pantalôna é múito estrêita.	*The pantaloons is to narrow.*
É móda.	*It is the fashion.*
Ônde está ô résto dô pânno ?	*Where is the remains from the cloth.*
Não sobejôu náda.	*It is any thing from rest.*
Fêz â súa cônta ?	*Have you done your account ?*
Não senhôr, não tíve têmpo.	*No, sir, I don't have had the time for that.*
Trága-a á manhã, ê pagár-lhê-hêi.	*Bring it me to morrow.*

DIÁLOGO 9. — DIALOGUE 9.

Côm ô sapatêiro. — With a shoemaker.

Necessíto úm pár dê sapátos.	*I want a pair of shoes.*
Assênte-se, pâra provál-os.	*Sit down, I shall try that.*
Êstes não mê convêem pôr múito apertádos.	*They not agree me, they are too tight.*
Talvêz êstes lhê assêntem melhór.	*They will please you better.*
Não ô crêio ; ô pêito-dô-pé não têm bastânte altúra.	*I think not, the foot neck is not high enough.*
Então não tênho nâ lója nenhúns quê lhê convênhão.	*I have not of it in my shop that may to agree to you.*
Pôis tóme-me medída.	*In that case, take the mesure.*
Tênha â certêza dê sêr bêm servído.	*You may rely that you shall be satisfied.*
Móstre-me bótas.	*Show me some boots.*
Parêce-me quê éstas lhê ajustarão bêm.	*I believe who this shall go well.*
Ô pé é estrêito ; mâs não ô molestará.	*The foot is narrow, but he shall not hurt you.*
Côm effêito cálção-me bêm.	*Indeed they are very well.*

Fáça-me tambêm úm pár dê chinélas.	*You shall make me into any slippers.*
Sím, senhôr, ê servíl-o-hêi promptamênte.	*Yes, sir, and you shall wait upon quickly.*

DIÁLOGO 10. — DIALOGUE 10.

Côm ô cabelleirêiro. — With a hair dresser.

Senhôr méstre, Vm. é múito priguiçôso. Detêm-me êm cása; êu tínha quê sahír. Sê não viér máis cêdo, despêço-o.	*Master hair dresser, you are very lazy. You keep me back at home; I was to go out. If you not come sonner, I shall leave you to.*
Senhôr, eû vím ás carrêiras.	*Sir, I did come in a hurry.*
Barbêie-me.	*Shave-me.*
Âs súas naválhas são bôas?	*Yours razors are them well?*
Sím, senhôr.	*Yes, sir.*
Sentído, não mê córte!	*Look to not cup me.*
Pentêie-me depréssa; não mê dêite tânta pomáda. Quê há dê nôvo? cabelleirêiro déve dár novidádes.	*Comb-me quickly; don't put me so much pomatum. What news tell me? all hairs dresser are newsmonger.*
Não ouví náda dê nôvo.	*Sir, I have no heared any thing.*
Vênha ámanhã máis cêdo; ê trága-me algúma notícia. Têm múitos freguêzes?	*To morrow be more early; bring me any news. Are you great deal of customers?*
Bastântes pâra passár.	*I have enough for to maintain-me.*

DIÁLOGO 11. — DIALOGUE 11.

Pâra almoçár. — For to breakfast.

João, tráz-nos algúma côusa pâra almoçár.	*John bring us some thing for to breakfast.*
Sím, senhôr, há linguíças ê pastelínhos. Quér quê trága ô presúnto?	*Yes, sir; there is some sousages and some meat pies. Will you than I bring the ham?*
Sím, tráze-o; cortár-lhê-hêmos úma talháda. Estênde úma toálha sôbre ésta mêsa. Dá-nos prátos, fácas ê	*Yes, bring-him, we will cup a steak put a nappe cloth upon this table. Give us some plates, any knifes,*

gárfos. Láva ôs cópos. Dá úma cadêira âo senhôr. Assênte-se âo pé dô lúme.	*and some fork's, rinse the glasses; give a seat to gentilman. Come near the fire.*
Não tênho frío; aquí ficarêi múito bêm.	*I have no cold, I shall be very well here.*
Vejâmos sê ô vínho é bôm. Dá-me aquélla garráfa ê úm cópo. Quê lhê parêce? Cômo ô ácha?	*Try us if the wine is good. Give me that bottle and a glass. Try this wine I pray you. What seems it what tell you of it.*
Não é máo, é excellente.	*It is not bad, it is excellent.*
Eis-aquí âs linguíças. Tíra aquêlle práto. Côma Vm. linguíças.	*Here the sausages. Take out that dish. Eat some sausages.*
Já comí algúmas; são múito bôas.	*I have eaten of them, they are good.*
Dá-me dê bebêr. Á saúde dê Vm.	*Give me to drink. At your health, sir.*
Bôm provêito lhê fáça.	*I thank you, sir.*
Dá dê bebêr âo senhôr.	*Give to drink to gentilmen.*
Bebí há pôuco. Ôs pastelínhos érão óptimos.	*I have drinking. The small pies were very good.*
Estávão cozídos dê máis.	*Them were well done enough.*
Vm. não cóme?	*I you do not eat?*
Comí tânto, quê não poderêi jantár.	*I have eaten so much, that I can't to dine.*
Está zombândo! Vm. não comêu quási náda.	*You jest, you have not eaten any thing.*
Comí côm múito gôsto dâ morcélla, dâs salchíchas, ê dô presúnto.	*I have eaten with satisfaction some pudding, sausages and some ham.*
Tóma chá ôu café?	*Do you like tea or coffee?*
Beberêi chá.	*I shall take some tea.*
Ahí têm pãesínhos ê fatías.	*It is some cakes and some toasts.*
Comerêi úm pãosínho.	*I shall take a cake.*
Ê êu úma torráda.	*And me a toast.*
Cômo ácha ô chá?	*How you like the tea.*
É excellênte.	*It is excellent.*
Aínda úma chícara?	*Still a not her cup.*
Múito obrigádo, básta.	*I thank you it is enough.*

DIÁLOGO 12.	DIALOGUE 12.
Pâra perguntár novidádes.	**For to ask some news.**
Quê há dê nôvo?	*What news is there.*
Não ouví dizêr náda.	*I have not heard nothing.*
Dê quê fállão agóra?	*Which they speack?*
Não ôuço dizêr côusa algúma.	*They speack nothing.*
Ouvío Vm fallár dê guérra?	*Have you heard that we shall have the war?*
Náda ouví â êsse respêito.	*I have not unterstook to speak of it.*
Porêm fálla-se d'úm cêrco.	*They speak however of a siege.*
Fallôu-se n'ísso, mâs é mentíra; pêlo contrário, fállão dê páz.	*It was spoken, but it is not true; on contrary, they speak of the peace.*
Július Vm. quê â terêmos?	*Do you think that you shall have it?*
Assím ô crêio.	*I think yes.*
Quê dízem nâ côrte?	*What is said in town?*
Fálla-se d'úma jornáda.	*It is spoken from a voyage.*
Quândo pênsão quê párte el-rêi?	*When they believe that the king shall start.*
Não sê sábe.	*It is not know.*
Ônde dízem quê vái?	*Where they tell that he go to?*
Úns dízem quê â Flândres; ôutros, á Allemânha.	*Some ones tell to Flanders, others in Germany.*
Ê quê díz â gazêta?	*And the paper, what tell it?*
Não â lí.	*I have not read it.*
É cérto ô quê dízem dô senhôr M*** ?	*It is true what is told of master M***?*
Pôis quê dízem d'êlle?	*Then what is told of him?*
Díz-se estár ferído mortalmênte.	*I have heard that he is hurt mortally.*
Sentirêi ísso múito; porquê é honrádo sujêito.	*I shall be sowow of it, because he is a honestman.*
Quêm ô ferío?	*Which have wounden him?*
Dôus marôtos quê ô investírão.	*Two knaves who have attacked him.*
Sábe-se porquê?	*Do know it why?*
Â vóz quê córre é quê êlle déra, n'úm dôs táes, úm bofetão.	*The noise run that is by to have given a box on the ear to a of them.*
Não crêio ísso.	*I believe not it.*
Nêm êu tão pôuco.	*Nor I either.*

Cêdo saberêmos â verdáde.	*It will know the truth very soon.*
Divertío-se Vm. múito nô báile dê hôntem á nôite ?	*Are you too many amused to the ball last night?*
Múito ; ê ô senhôr L*** perguntôu-me pôr Vm.	*Plenty much, and Madam L*** has call for to me your news.*
Múito fólgo.	*I enjoy my self of it.*
Â senhôra súa espôsa já parío ?	*Your wife is it brougted to bed?*
Sím, senhôr, ê felicissimamênte.	*Yes, sir, and too fortunately.*
Cômo pássa ô meníno ?	*How do is do the child?*
Múito bêm.	*It is very well.*

DIÁLOGO 13. / DIALOGUE 13.

Pâra comprár. / For to buy.

Quê quér Vm. ?	*What will you have, sir.*
Quéro úm bôm ê boníto pânno pâra vestído.	*I won't have a good and fine cloth to make a coat.*
Tênha â bondáde d'entrár, ê verá ôs máis béllos pânnos dê París.	*Come in, sir, you shall see here the best cloth of Paris.*
Móstre-mê ô melhór que Vm. têm.	*Show me the best what you have.*
Êis úm excellênte ê múito dâ móda.	*Here is it a much fine and who bear now.*
É bôm ; mâs â côr não mê agráda.	*It is good, but the colour not please me.*
Agráda-me â côr ; porêm o pânno não é múito fórte ; não têm côrpo.	*I like very much this colour ; but the cloth is not strong enough, it is too thin.*
Vêja ésta péça : Vm. não achará em párte nenhúma ôutra tão bôa cômo élla : ô pânno é excellênte.	*Look that piece, sir, you do not find one so much fine else where ; the cloth is very good.*
Quânto péde Vm. pôr câda vára ?	*How much do you sell it the ell?*
Ô sêu jústo prêço é três mil duzêntos ê ôito réis.	*We thout overcharge you from a halfpenny, it cost twenty franks.*

Senhôr, êu não costúmo regateár; díga-me ô último prêço.	*Sir, I am not accustomed to cheapen; tell me the last price.*
Já lhê dísse quê aquêlle é ô sêu jústo prêço.	*I have told you, sir, it is valuable in that.*
É caríssimo, dár-lhê-hêi dôus míl oitocêntos ê oitênta réis.	*It is too much dear, I give at it, eighteen franks.*
Não pósso abâtêr úm seitíl.	*There is not only half penny to beat down.*
Não lhê darêi ô quê mê péde.	*You shall not have what you have wished.*
Vm. quiz sabêr ô último prêço, ê êu dísse-l'ho.	*You did beg me my last word, I told you them.*
Vâmos, vâmos, córte d'êlle dúas váras.	*Well, well, cut them two ells.*
Necessíto casimíra pâra úmas pantalônas.	*I want some casimire for to make me a pair of pantaloons.*
Ésta dê ríscas miúdas podêr-lhê-há convír, ê é â quê está máis êm móda.	*Here is it bysides what shall please you too much, it is what there is in last fashion.*
N'êsse cáso, córte ô dê quê necessíto.	*In this case, cut what I whant.*
Dê-me tambêm pânno d'algodão ê ô máis quê fôr necessário pâra fórros ê algibêiras.	*Give me also some a cotton's linen cloth and what is necessary for the lining and pockets.*
Não precísa dê máis náda?	*Don't you will not more?*
Pôr agóra, não.	*No, at present.*

DIÁLOGO 14.	DIALOGUE 14.
Pâra jantár.	**For to dine.**
Vâmos jantár; êlle está prômpto.	*Go to dine, the dinner is ready.*
Â sôpa está nâ mêsa.	*The soup is bringed.*
Sênte-se âo pê dê mim. Gósta dê sôpa?	*Sit down here by me. Do you like soup?*
Êu cómo dê túdo.	*I eat every thing.*
Córte pão: aquí ô têm. Não sêi sê êste cozído será bôm.	*Cut some bread; here is it, I don't know that boiled meat is good.*
Éstas costellínhas são óptimas.	*These cutlets are excellent.*
Quér feijões?	*Gentilman, will you some beans?*

Sím, senhôr.	*Yes, sir.*
Trínche êste perúm. Cômo ácha éssa perdíz?	*Cut that turkey how you like that pardridge?*
É excellênte.	*It is excellent.*
Pêdro, destápa úma garráfa dê vínho dô Pôrto.	*Peter, uncork a Porto wine bottle.*
Á súa saúde, senhôr.	*Your health, sir.*
Víva múitos ânnos.	*Thank you.*
Quê quér, senhôr?	*Sir, what will you to?*
Uma áza dê frângo.	*A pullet's wing.*
Pêdro léva êstes prátos, ê tráz-nos â sobremêsa.	*Peter, take away, and bring the dessert.*
Quér pêras ôu maçãs?	*Some pears, and apples, what wilt you?*
Rógo-lhe mê dê úma pêra.	*I trouble you to give me a pear.*
Ésta parêce-me madúra.	*This seems me mellow.*
Agradêço-lhe.	*I thank you.*
Provêmos êste liquôr, quê é bôm pâra ô estômago.	*Taste us rather that liquor, it is good for the stomach.*
Múito obrigádo ; náda máis.	*I am too much obliged to you, is done.*

DIÁLOGO 15. — DIALOGUE 15.

Pâra fallár francêz. — For to speak french.

Cômo vái Vm. côm ô sêu francêz? Está já múito adiantádo?	*How is the french? Are you too learned now?*
Bêm pòuco ; êu não sêi quási náda.	*No too much, I know almost nothing.*
Côm túdo, dízem quê Vm. ô fálla múito bêm.	*They tell howeuver that you speak very well.*
Ôs quê tál dízem estão múí enganádos.	*These which tell it they mistake one's.*
Certifíco-lhe quê assím m'ô disSérão.	*I assure you who was told me.*
Púde articulár algúmas palávras quê aprendi dê cór.	*I could to tell some word's that I know by heart.*
É quânto bástа pâra começár â fallár.	*It is what it must for to commence to speak.*
Não básta quê êu coméce, é necessário quê acábe.	*It is not the whole to begin, it must finish.*
Fálle sêmpre, bêm ôu mál.	*Speak always, right or bad.*
Recêio commettêr êrros.	*I apprehend, to make some faults.*

Não tênha mêdo; â língua francêza não é difficil.	*Not apprehend you, the french language is not difficult.*
Conhêço ísso; ê quê é múito engraçáda. Pôr felíz mê daría sê â soubésse!	*I know it, and she have great deal of agreableness. Who I would be. If I was know it!*
Â applicação é ô único mêio d'aprendêl-a Quênto têmpo há quê â estúda?	*It must to study for to learn it. How long there is it what you learn it?*
Inda não há úm mêz.	*It is not yet a month.*
Cômo sê cháma sêu méstre?	*How is called your master?*
Châma-se N***.	*It is called N***.*
Há múito têmpo quê ô conhêço. Êlle dêu lições â algúns amígos mêus. Não díz êlle â Vm. sêr urgênte fallár francêz?	*I know him it is long; he has teached a many of my friends. Don't he tell you that it must to speak french?*
Sím, senhôr, ê múitas vêzes.	*Yes, sir, he tell me it often.*
Pôis porquê ô não fálla Vm?	*Then why you not speak french?*
Côm quêm quér Vm. quê êu ô fálle?	*With which will you that I speak?*
Côm ôs quê ô fallárem côm Vm.	*With them who shall speak you.*
Êu bêm quizéra fallál-o, mâs não mê atrêvo.	*I would to speak too, bud I don't dare.*
Déve sêr ousádo, ê não têr vergônha.	*It must not fear; it must to be hardy.*

DIÁLOGO 16. / DIALOGUE 16.

Pâra vêr â cidáde. / For to see the town.

António, acompânha êstes senhôres, ê móstra-lhês â cidáde.	*Anthony, go to accompany they gentilsmen, do they see the town.*
Desejâmos vêr ô quê élla contêm dê curiôso.	*We won't to see all that is it remarquable here.*
Tênhão â bondáde dê vír comígo; hêide mostrár-lhes quânto é merecedôr dê súa attenção. Êis-nos âo pé dâ cathedrál. Quérem entrár n'élla?	*Come with me, if you please. I shall not folget nothing what can to merit your attention. Here we are near to cathedral; will you come in there?*
Vêl-â-hêmos primeiramênte pôr fóra ê depôis pôr dêntro.	*We will first to see him in oudside, after we shall go in there for to look the interior.*

Admírem ésta óbra-príma d'architectúra góthica.	*Admire this master piece gothic architecture's.*
Cômo ô lavôr dê tôdas éstas figúras é bêllo.	*The chasing of all they figures is astonishing indeed.*
Pôis ô zimbório ê â nâve não lhês são inferiôres êm primôr.	*The cupola and the nave are not less curious to see.*
Quê palácio é aquêlle quê acolá vêjo?	*What is this palace how I see youder?*
É â cása-dâ-câmara.	*It is the town hall.*
Ê éssa tôrre quê nôs fíca á ilhárga?	*And this tower here at this side?*
É ô observatório.	*It is the Observatory.*
Â pônte é lindíssima; têm dés árcos; ê é dê cantaría.	*The bridge is very fine, it have ten archs, and is constructed of free stone.*
Âs rúas são múi dirêitas ê bêm calçádas.	*The streets are very layed out by line and too paved.*
Quál é o circúito d'ésta cidáde?	*What is the circuit of this town?*
Dúas léguas.	*Two leagues.*
Ésta cidáde têm hospitáes?	*There is it alsô hospitals here?*
Têm bastântes.	*It not fail them.*
Quáes são pôis ôs edifícios máis dígnos dê sêr vístos?	*What are then the edifices the worthest to have seen.*
Ô arsenál, ô theátro, â alfândega, ê â práça-dô-commércio.	*It is the arsnehal, the spectacle's hall, the Cusiom-house, and the Purse.*
Vâmos vêr ôs ôutros monumêntos; â sabêr: Ô Mónte-pío, ô Jardim-dâs-plântas, â Casa-dâ-moéda, â Bibliothéca, ô Musêo, etc.	*We are going too see the others monuments such that the public pawnbroker's office, the plants garden's the money office's, the library.*
Ísso ficará pâra ôutro día: estâmos cançádos.	*That it shall be for another day; we are tired.*

DIÁLOGO 17. — DIALOGUE 17.

Pâra sê informár d'úma pessõa. — To inform one'self of a person.

Quêm é aquêlle sujêito quê lhê falláva há pôuco?	*How is that gentilman who you did speak by and by?*
É úm Allemão.	*Is a German.*
Parecía-me Inglêz.	*I did think him Englishman.*
Êlle ê dâ párte dê Saxónia.	*He is of the Saxony side.*

Fálla múito bêm francêz.	*He speak the french very well.*
Aínda quê Allemão, fálla tâo bêm italiâno, francêz, hespanhól ê inglêz, quê, êntre ôs Italiânos, parêce Italiâno. Fálla francêz cômo ôs mêsmos Francêzes. Ôs Hespanhóes ô têem pôr Hespanhól, ê ôs Inglêzes pôr Inglêz.	*Tough he is German, he speak so much well italyan, french, spanish and english,that among the Italyans, they believe him Italyan, he speak the frenche as the Frenches himselves. The Spanishesmen believe him Spanishing, and the Englishes, Englisman.*
É difficil sabêr bêm tântas línguas divérsas.	*It is difficult to enjoy well so much several langages.*
Estêve múito têmpo n'êsses paízes.	*He was longer in those countries.*
Há múito quê Vm. ô conhêce?	*How long that you know him?*
Há quási dôus ânnos. Êlle tóca hárpa, vióla, ê vários ôutros instrumêntos.	*There is about two years. He play the lute, the guitar and others several instruments.*
Folgarêi múito dê ô conhecêr.	*I would be very happy to know him?*
Êu lhê darêi conhecimênto côm êlle.	*I shall procure you their knowledge.*
Ônde móra êlle?	*Where he remains?*
Aquí pérto.	*He reside hard by.*
Quândo quér Vm. quê vâmos visitál-o?	*When will you to that I go to salute him?*
Quândo quizér.	*When it shall please you.*
Irêmos á manhã pêla manhã.	*We will go to morrow morning.*
Ficár-lhê-hêi múito obrigádo.	*I shall be you too much oblige.*

DIÁLOGO 18. / DIALOGUE 18.

Pâra montár â cavállo. / For to ride a horse.

Eis úm cavállo quê mê parêce máo. Dême ôutro; não quéro êste. Êlle não poderá andár. Ê asmático; está aguádo. Vm. não sê envergônha dê mê dár úm rossím semelhânte? Êlle está desferrádo ê encravádo. É necessário mandál-o âo ferradôr. Elle manquêja; está estropeádo, ê é cégo. Ésta séllá mê ferirá. Ôs estríbos são múito	*Here is a horse who have a bad looks. Give me another; I will not that. He not sall know to march, he is pursy, he is foundered. Don't you are ashamed to give me a jade as like? he is undshoed, he is with nails up, it want to lead to the farrier. He go limp, he is disable, he is blind. That saddle shall hurt me. The*

compridos, múito cúrtos. Estênda ôs estríbos, encôlha-os. Âs cílhas estão pôdres. Quê péssimo frêio! Dê-me ô mê chicóte. Áte â mála ê ô mêu capôte.

stirrups are too long, very shorts. Stretch out the stirrups, shorten the stirrups. The saddles girths are roted, what bat bridle? Give me my whip. Fasten the cloak-bag and my cloak.

Âs súas pistólas estão carregádas?

Your pistols are its loads?

Não. Esquecêu-me comprár pólvora ê bála. Piquêmos, vâmos máis depréssa. Núnca vi peior bêsta. Não quér andár, nêm pâra diânte, nêm pâra tráz.

No; I forgot to buy gun-powder and balls. Let us prick. Go us more fast never I was seen a so much bad beast; she will not nor to bring forward neither put back.

Alárgue-lhe â rédea. Encúrte-lhe âs rédeas. Esporêie-o rijamênte; fáça-o andár.

Strek him the bridle, hold him the reins sharters. Pique stron gly, make to marsh him.

Pôr máis quê ô píco, não ô pósso fazêr caminhár.

I have pricked him enough. But I can't to make march him.

Desapêie-se; êu ô farêi avançár.

Go down, I shall make march.

Tóme sentído não lhê atíre algúm côuce.

Take care that he not give you a foot kick's.

Êlle dá côuces pêlo quê vêjo. Ólhe cômo êu ô súbe domár.

Then he kicks for that I look? Sook here if I knew to tame hix.

DIÁLOGO 19.

Côm ô relojoêiro.

DIALOGUE 19.

With a watch maker.

Trágo-lhe úm relójio quê precísa concêrto.

I bring you a watch that want to be ordered.

Vejâmos ô que sê quebrôu. Áh! é úm relójio dê repetição; quebrôu-sê-lhê ô vídro.

Let us see what it must to make. Ah! it is a repeater watch, the glass is broken.

Infelizmênte deixêi-o cahír quândo lhê dáva córda. É necessario quê Vm. lhê pônha ôutro vídro.

I had the misfortune to leave fall down the instant where I did mounted, it must to put again a glass.

Ô quadrânte ê ô pontêiro estão algúm tânto damnificádos. Precíso desmontál-o pâra vêr sê ô movimênto regúla.

The dial and the hand have suffered rather. It must that I dismount, for too see if the works is not out of order.

Quândo poderêi vir buscál-o? — *When I can to call again for to take her?*

Depôis d'ámanhã. Êu lhê emprésto ôutro nô êm tânto. — *After to morrow. I shall lend you another in the mean time.*

Fíco-lhe múito obrigádo. — *I shall be very glad to you, of that.*

Não precísa d'úma pêndula? Tênho-as excellêntes. — *I want not a pendulum? I have them here some very good.*

Deixár-m'â-há Vm. experimentár? Somênte, côm ésta condição, â comprarêi. — *Don't you live me her proof againts? I shall not accept that this condition.*

Estôu pôr ísso dê múi bôa vontáde. — *I consent it willingly.*

DIÁLOGO 20. — DIALOGUE 20.

Pâra visitár úm dôente. — For to visit a sick.

Cômo passôu Vm. â nôite? — *How have you passed the night?*

Múito mal, não púde dormír. Tíve fébre tôda â nôite. Sínto dôres êm tôdo ô côrpo. — *Very bad. I have not sleeped; I have had the fever during all night. I fell some pain every where body.*

Vejâmos â língua; têm Vm. vontáde dê vomitár? — *Live me see your tongue. Have you pain to the heart?*

Algúmas vêzes. — *Yes, sir, some times.*

Está Vm. sequíôso? — *Are you altered?*

Sím, senhôr; tenho sêde â miúde. — *Yes, I have thursty often.*

Dêixe-me apalpár-lhe ô púlso. — *Let me feel your pulse.*

Têm fébre. — *It is some fever.*

Júlga Vm. â mínha doênça perigósa? — *Do you think my illness dangerous?*

Á súa situação não é dê cuidádo. — *Your stat have nothing from lrouble some.*

Êu vôu escrevêr â recêita pâra mandál-a âo sêu boticário. — *It must to send to the apothecary, I go to write the prescription.*

Dê quê cônsta ô remédio quê êu dêvo tomár? — *What is composed the medicine what I have to take?*

Dê rheubárbo, crémor-dê-tártaro, etc. — *Rhubarb, and tartar cream, etc.*

Vm. tomará, câda hóra, úma colhér d'ésta poção. — *You shall take a spoonful of this potion hour by hour.*

Hôje obsérve diéta. — *It must to diet one's self to day.*

Quê poderêi comêr ?	*What I may to eat?*
Póde bebêr úm cáldo.	*You can take a broth.*
Poderêi erguêr-me ?	*Can I to get up my self?*
Póde ; mâs só úma hóra ốu dúas.	*Yes, during a hour or two.*
Quê máis dêvo fazêr ?	*Let me have another thing to do?*
Resguardár-se dô frío ; ê, êm dôus ôu três días, estará são.	*Take care to hold you warme ly, and in two or three days you shall le cured.*

DIÁLOGO 21. / DIALOGUE 21.

Pâra ir dê jornáda. / For to travel.

Ônde vái ?	*Where you go so?*
Â Cádiz.	*I am going to Cadiz.*
Quândo párte ?	*When do you start?*
Concluído quê sêja ô negócio, â quê vîm.	*As soon as I shall have to finish a business that I have there.*
Já alugôu carruágem ?	*Have you already arrested a coach?*
Sím, senhôr, ê bêm baráta.	*Yes, sir, and very cheap.*
Sê n'élla houvésse úm assênto pâra mím !	*Play God that might had a place for me.*
Cônte côm êlle.	*There is one; you can to count now.*
Terêi súmmo gôsto dê ír côm Vm.	*You give me too much pleasure to come with me.*
Têm múito fáto.	*Have you a great deal of effects?*
Dôus bahús ê úma mála.	*Two trunks and one portmanteau.*
Póde apromptár túdo pâra ámanhã. Partirêmos pêla frêsca.	*You may to prepare all for to morrow we shall start at the coolness.*
Já mê despedí dê tôdos ôs amígos.	*I had taken leave of all my friend's already.*
Ônde vâmos pernoitár nô primêiro día ?	*Where are we going to sleep the first night?*
Êm Ocânha.	*At Ocáña.*
É jornáda regulár.	*That is a ordinary day's work.*
Êm quê estalájem ficarêmos ?	*At which inn shall stop us?*
Nâ dô Sól, quê é â melhór.	*In that of the Sun, it is the best.*

Â estráda é bôa?	*The way is it good?*
Lindíssima.	*Very good.*
Há perígo nâ estráda-reál?	*There is it some danger on the highway?*
Núnca ouví fallár n'ísso.	*It is not spoken that.*
Há ladrões nôs bósques?	*They speak not that may have some robbers on the woods?*
Náda há quê temêr dê día ôu dê nôite.	*It have nothing to fear, or in day neither the night.*
É estráda-reál ônde há gênte â câda instânte.	*It is a highway where one find some people every instant.*
Ônde mudâmos dê caváll os?	*Where they change the horses?*
Nâ aldêia dê ***.	*To village of ***?*
Não passâmos pôr A***?	*Don't we does pass for a***?*
Não, senhôr, fíca-nos á esquêrda.	*No, sir, they leave it to left.*
Mâs passarêmos pôr B*** pâra mudár dê cavállos.	*But we go through for B***, were they stay one's for to change the horses.*
Êu fólgo múito dê estár côm Vm.; mâs confésso-lhe quê desejára já têr chegádo.	*For me, I am very happy to enjoy your company; but I avow to you that I would to be arrived alleady.*
Assím ô crêio.	*I believe you too.*
Tenhâmos paciência; d'aqui â algúmas hóras acabarêmos â jornáda.	*Let us take patience, still some o'clock, and we shall be in the end of our voyage.*
Ếstôu cançádo. Molésta-me â carruágem.	*I am tired. The coach fatigues too much.*
Pára, postilhão; querêmos apeár-nos.	*Postilion, stay; we go down there.*
Êis â estalájem.	*There it is the inn.*

DIÁLOGO 22. / DIALOGUE 22.

Côm ô estalajadêiro. / With a inn keeper.

Há aquí quártos?	*Can we to lodge here?*
Sím, senhôr, ê bôas câmas.	*Yes, sir, we have some good beds.*
Apeiêmo-nos, senhôres.	*Come down, gentlemen.*

Ônde está ô môço dâ cavalharíca?	*Where is the stable groom?*
Aquí estôu, senhôr.	*I am here, sir.*
Léva ôs caválllos á estrebaría, ê tráta-os bêm.	*Lead the horses to the stable, and take care them.*
Quê têmos pâra â cêia?	*What you give us for to take supper?*
Ô quê ôs senhôres quizérem.	*Gentlemen, what you will have.*
Vênhão dôus pômbos, úma lásca dê presúnto ê saláda.	*Give us a pigeon couple, a piece of ham and a salad.*
Descancêm: vôu preparár ísso.	*Every thing shall be already, you can be peaceable.*
Dê-nôs dê ceiár quânto ântes.	*Make to supe us as soon as possible.*
Senhôres está â cêia prômpta ê já nâ mêsa.	*Gentlmen, the supper is already, it is help before.*
Senhôres, vâmos ceiár pâra nôs deitármos cêdo.	*Gentlemen, go to sup, in order to, to may go on the bed early.*
Rapáz, tráz â sobremêsa, ê díz âo patrão quê súba.	*Waiter, bring us the dessert, and call your master to come.*
Êil-o.	*There is it.*
Quânto devêmos?	*What have us expended?*
Â despêsa não é gránde. Pôr cêia, câma, ê almôço, úma moéda.	*The accout mount in little the supper, the bed and the breakfast, shall get up at thirty franks.*
Parêce-me múito.	*That seems me a little dear.*
Dê-nos lençóes lavádos. Bôas nôites, senhôr.	*Give us some clean sheets. Good night, sir.*
Tênhão Vms. múito bôas nôites.	*Gentlemen, I wish you a good night.*
Rapáz, acórda-me pêla manhã cêdo.	*Waiter, awake me to morrow in time.*
Sím, senhôr, fíque descançádo.	*Sir, I shall no fail this.*

DIÁLOGO 23. — DIALOGUE 23.

Dô govêrno dâ câsa. — **From the house-keeping.**

Já não sêi cômo mê hêi-de havêr côm ésta cásta dê gênte.	*I don't know more what I won't with they servants.*

Ô mêsmo dígo êu; não há criádos quê préstem. Nenhúm sê lêmbra dê varrêr, ôu d'accendêr lúme, sêm quê êu mê levânte.

I tell the same, it is not more some good servants. Any one take care to sweep neither to make fire at what I may be up.

Pêlo quê mê tóca, êu mêsmo várro ô mêu quárto.

For me, I sweep usually my room my self.

Ê têm razão, porquê ô módo dê câda ŭm sêr bêm servído, é servír-se â sí próprio.

It all right; the means to be served well is to serve himself.

Cômo ôs têmpos estão mudádos! Antiguamênte tíve êu criádos quê mê adivinhávão ôs pensamêntos. Ô trabálho fazía-se n'úm instânte; túdo éra úm pônto d'acêio, ê ôs trástes luzíão cômo espêlhos Hôje êm día (cômo vê) é ô contrário; túdo está cobérto dê pó, ôs vestídos, ôs trumós, ôs bufétes, ôs armários, âs cómodas, ê athé mêsmo âs parêdes mudárão dê côr.

How the times are changed! Anciently I had some servants who were divine my thought. The duty was done at the instant, all things were cleanly hold one may look on the furnitures now as you do see. It is too different, whole is covered from dust; the pier-glasses, sideboards, the pantries, the chests of drawers, the walls selves, are changed of colours.

Fáça ô quê lhê dígo, despéça tôda éssa gênte, que êu mê encarrégo dê lhê procurar criádos bôns quê â substitúão.

Believe me, send again whole the people; I take upon my self to find you some good servants for to succeed them.

Ah! quão obrigádo lhê sería sê tál mê fizésse!

Ah! what I shall be oblige to you of it!

DIÁLOGO 24. / DIALOGUE 24.

Dâ comédia. / For the comedy.

Fói Vm. hôntem âo theâtro?

Were you go to the theatre yesterday?

Sím, senhôr, êu quiz vêr â nóva péça, nâ qual representáva, péla primêira vêz, úma actríz.

Yes, sir; I won't to see the new play in which did owed to play and actress which has not appeared on any theatre.

Ê quê mê díz d'élla?

How you think her?

Têm múita gráça nôs géstos, ê justêza

She has very much grace in the deeds

nâ declamação ; úma physionomía agradável, ê úma vóz incantadôra.	*great deal of exactness on the declamation, a constitution very agreable, and a delightful voice.*
Cômo achôu Vm. â comédia ? Fôi applaudída ?	*What you say of the comedy ? Have her succeded ?*
Não éra comédia, éra úm drâma ; levôu pateáda nâ tercêira scêna dô último ácto.	*It was a drama ; it was whistted to the third scene of last act.*
Ê â razão ?	*Because that ?*
Faltáva-lhe néxo, ê ô enrêdo éra defeituôso.	*It whant the vehicle, and the intrigue it was bad conducted.*
Vísto ísso ô público não quíz esperár ô desfêcho ?	*So that they won't waited even the upshot ?*
Não senhôr, ê assím devía sêr. Nô êm tânto ôs actóres tivérão appláusos ; porquê representárão bêm	*No, it was divined. In the mean time them did diliver justice to the players which generaly have play very well.*
Ácho ísso jústo.	*That is right.*
Só úm foi pateádo pôr sobrecarregár múito ô sêu papél.	*At the exception by a one's self, who had land very much hir's part.*
Bêm fêito : náda sê déve perdoár â charlatães.	*It want to have not any indulgence towards the bat baffoons.*
Â quê theátro irêmos ésta nôite ?	*At what theatre shall we go the night.*
Sê lhê agráda, irêmos â...	*We shall go if you will go, to...*
Vío Vm. já â nóva tragédia ? Elogíão-a múito.	*Have you seen already the new tragedy ? They praise her very much.*
Applaudírão-a nâ representação.	*It was played with applauses.*
Há enchênte.	*It is multitude already.*
Tomêmos logár.	*Take us our rank.*
Núnca ví ô theátro tão chêio.	*Never I had seen the parlour so full.*
Érguem ô pânno.	*Its rise the curtains.*
Â orchéstra é dirigída optimamênte.	*The orchestra is conducted perfectly.*
Êste actôr desempênha bêm ô sêu papél.	*This actor he make very well her part.*
Êlle representa côm múito acêrto.	*He plays very well.*
Ésta péça é interessantíssima.	*That piece is full of interest.*
Élla enlevôu ôs espectadôres.	*It have wonderd the spectadors.*
Crêio quê permanecerá nô theátro.	*I think shall stay to the theatre.*

Báixão ô pânno.	*The curtains let down.*
Vâmos-nos.	*Go out us.*

DIÁLOGO 25. — DIALOGUE 25.

Dâ cáça. — The hunting.

Há múita cáça n'êste bósque?	*There is it some game in this wood?*
N'ôutro têmpo contínha êlle múita veação, ê cáça miúda; porêm ôs ladrões-dê-cáça destruírão quási túdo.	*Another time there was plenty some black beasts and thin game, but the poachers have killed almost all.*
Carreguêmos âs espingárdas.	*Load ours guns.*
Lá pássa úma lébre! Lânce-lhe ôs cães! Cômo élla córre pêlos alquêives!	*Look a hare who run! let do him to pursue for the hounds! it go one's self in the plonghed land.*
Êil-a quê sê érgue ôutra vêz. Apontémol-a! Atirêmos-lhe.	*Here that it rouse. Let aim it! let make fire him!*
Estendí-a mórta.	*I have put down killed.*
Ê êu não, porquê â mínha espingárda errôu fôgo.	*Me, I have failed it; my gun have miss fixe.*
Vêjo úma côrça.	*I see a hind.*
Dêixe-a ír; não lhê fáça mál.	*Let leave to pass away, don't disturte it.*
Mâs, sê não matâmos náda, não terêmos veação. Êu desêjo levár âo mêu cuzinhêiro, pêlo mênos, úma cabêça dê javalí.	*If we kill nothing, we will have not any venison. I do flatter me to bring at my cook at least a wild boar head.*
Dêixe-se dê câça gróssa; nós já têmos dâ inferiôr	*Let renounce to the high venison, we have some mean already.*
Dízem quê há múitas perdízes êste ânno.	*I have heard that it is plenty pardridges this year.*
Êu matêi máis dê trínta.	*I have killed more that thirty.*
Matôu tambêm tórdos ê codornízes?	*Have you killed also some thrushes and some quails?*
Algúmas, ê máis dôus phaisões, úm páto-brávo, três gallinhólas, ê úma narcêja.	*Some one, and besides two pheasants, a wild duck, three woodcocks and a snipe.*
Êis úma óptima caçáda!	*Here certainly a very good hunting.*

DIÁLOGO 26.	DIALOGUE 26.
Dâ Pésca.	**The fishing.**
Êste lágo parêce-me bêm piscôso. Vâmos pescár pâra nôs divertírmos.	*That pond it seems me many multiplied of fishes. Let us amuse rather to the fishing.*
Vâmos.	*I do like-it too much.*
Aquí têm úma cânna, ê anzóes.	*Here, there is a wand and some hooks.*
Silêncio! Êis úm béllo pêixe-pérsico! Dê-me â línha depréssa. Oh! é úma lampréia!	*Silence! there is a superb perch! Give me quick the rod. Ah! there is, it is a lamprey.*
Não é tál, é úma rã! Dêite-a ôutra vêz n'água.	*You mistake you, it is a frog! dip again it in the water.*
Parêce-me melhór pescâr êu cô' a nássa.	*Perhaps I will do best to fish with the leap.*
Experimênte. Desêjo quê sêja máis felíz ê habilidôso, quê cérto pescadôr, quê pescôu dêsde pêla manhã athé á nôite sêm apanhár côusa algúma.	*Try it! I desire that you may be more happy and more skilful who acertain fisher, what have fished all day without to can take nothing.*

DIÁLOGO 27.	DIALOGUE 27.
Côm úm mercadôr-dê-móveis.	**With a furniture tradesman.**
Vênho vêr ôs sêus môveis; quêro mobilár úm aposênto.	*I come to see yours furniture, I have a apartement to furnish.*
Aquí achará Vm. tôdos ôs dê quê precisar.	*You will find to my store house whole that you won't.*
Êsse tráste dê salão, côm damásco cramesím, é compléto?	*Is it complete this parlour furniture in damask crimson?*
Sím, senhôr, êlle cônsta dê sêis poltrônas, dôze cadêiras, dúas cadêiras-dê-bráços, ê úm sophá.	*Yes, sir; it is composed of six arm chairs, twelve chairs, two settees, and a sofa.*
Não mê parêce nôvo.	*It seems no me new.*
Tál não díga: sáhe dâs mãos dô fabricânte.	*Pardon me, it comes workman's hands.*

Têm Vm. espêlhos?
Dê quê tamânho ôs quér?
Dê quátro pés, sêis pollegádas dê lárgo, ê sétte d'altúra, pôuco máis ôu mênos.

Irêi á súa cása tomár â medída.

Tambêm quéro dôus lêitos.
Cômo ôs quér?
Êu mêsmo ôs escolherêi.
Vm. não precísa dê bufêtes, cadêiras, tamborêtes, cómmodas, etc.

Túdo ísso é múito necessário; mâs não pósso comprár túdo d'úma vêz.

Have you some glasses.
Which hightness want you its?
I want almost four feet six thumbs wide's, over seven of long.

I shall come back to you for to take the misure.

I want also two beds.
How do you like its?
I shall choice my self.
Don't you want some side boards, some chairs, stools, and some chest of drawers, etc.

I want all that, but can't one to buy all at once.

DIÁLOGO 28.

Côm úm banquêiro.

Tênho â hônra dê apresentár-lhe úma lêttra-dê-câmbio sacáda sôbre Vm., ê endossáda á mínha órdem.

Não pósso aceitál-a, porquê índa não recebí avíso, nêm fúndos dâ párte dô sacadôr.

Élla aínda não está vencída, é d'usânça.

Êu bêm conhêço â fírma, ê ô signál dò mêu correspondênte; aceitál-â-hêi nô día dô vencimênto, inclúsos ôs días dê gráça, sê êu recebér órdens súas athé êsse têmpo.

N'êsse cáso escúso dê fazêl-a protestár.

Vm. póde evitár-lhe ôs gástos dô protésto.

DIALOGUE 28.

With a banker.

I have the honour to present you a ex-change letter, draw on you and endorsed to my order.

I can't to accept it seeng that I have not nor the advice neither funds of the drawer.

It is not yet happened it is at usance.

I know again the signature and the flourish of my correspondent; I will accept him to the day of the falling comprehend there the days of grace, if at there to that occasion I shall received theirs orders.

In this case, I not want of to do to protest it.

It can to spare him the expenses of the protest.

Quér Vm. acquitár est'ôutro sáque? É págo à vista.	*Will you to discharge this other trade what there is it? It is payable to the sight.*
Sím, senhôr; vôu pagár-lhe immediatamênte ô impórte.	*Yes, I will pay it immedeatly, I go to count you the sum.*
Quér têr â bondáde dê dár-me moéda inglêza pôr êstes luízes?	*Would you have so good as to give me some England money by they louis?*
Côm múito gôsto.	*With too much pleasure.*

DIÁLOGO 29.	DIALOGUE 29.
Pâra embarcár.	**For embarking one's self.**
Senhôr capitão, párte pâra â Martínica?	*Captain, do you sail for the Martinica?*
Sím, senhôr.	*Yes, sir.*
Quândo párte?	*When do you sail?*
Espéro partír ámanhã.	*I intend to go to morrow.*
Têm múitos passagêiros?	*Have you got many passengers?*
Já tênho séte ôu ôito.	*I have seven or eight already.*
Quânto péde pêla passágem?	*How much do you charge for the passage?*
Péço... É prêço fixo.	*I charge...; it is a regular price.*
Ônde está alojádo?	*Where do you lodge?*
Nâ hospedaría A...	*I lodge at A's hotel.*
Sêi ônde é. Êu ô chamarêi quândo fôr têmpo.	*I know where it is. I will call you in good time.*
Estêja prômpto.	*Be ready.*
Estarei prômpto.	*I shall be ready.*
Senhôr, avíe-se, porquê vôu erguêr âncora.	*Sir, make haste you, I go to get up the anchor.*
Já Vm. apparelhôu?	*Have you sel sail already?*
Está túdo prômpto; só mê fálta tomár úm pôuco dê lástro; ê, côm â primêira arágem favorável, sahirêi dô pôrto.	*All is set in order. it wants me to take a little ballast; after that, I shall profite the first favourable wind blow for to get out of the harbour.*
Vm. não téme ôs corsários?	*Don't you fear the privateers?*

Zômbo d'êlles ; ô mêu navío é armádo êm guérra, tênho equipágem vigilânte ê anïmósa, ê âs munições não mê fáltão.	*I jest of them ; my vessel is armed in man of war, I have a vigilant and courageous equipage, and the ammunitions don't want me its.*
Vm. núnca naufragôu ?	*Never have you not done wreck ?*
Naufraguêi dúas vêzes : â primêira sôbre â cósta dê Guiné, ê â segúnda nô gôlpho dê Bengála.	*That it is arrived me twice : the first time on the Guinea coast, and the second time to the Bengale gulf.*

DIÁLOGO 30. / DIALOGUE 30.

Côm ô jardinêiro. / With a gardener.

Francísco, quê fázes ahi ?	*What you make hither, Francis ?*
Régo êste cantêiro dê flôres.	*I water this flowers parterre.*
Quândo comerêi amêixas ?	*Shall I eat some plums soon ?*
Índa não é tempo d'éllas ; mâs ôs damáscos brevemênte estarão madúros.	*It is not the season yet ; but here is some peaches what does ripen at the eye sight.*
Já mê tárda comêr nózes nóvas ; tóma sentído, não dêixes passár â estação.	*It delay me to eat some wal nuts-kernels ; take care not leave to pass the season.*
Físque descançádo ; hêi-de colhêr-lh'as êm quânto tivérem â cásca bêm vêrde.	*Be tranquil, I shall throw you any nuts during the shell is green yet.*
Ê âs alcachófras médrão ?	*The artichoks grow its ?*
Tráto-as côm tôdo ô cuidádo, porquê sêi quê Vm. gósta múito dê lhês comêr ô interiôr.	*I have a particular care of its, because I know you like the bottoms.*
Límpa ésta aléa côm ô ancínho.	*Clean this walk with the rake.*
É necessário podár âs árvores.	*It must to cup the trees.*
Ê tirár éssas más hérvas.	*It should pull the bad grasses up.*
Ê semeiár aquí rélva.	*It must sow here some gazons.*
Mânda pôr aquí úm bânco.	*Let us put there a bench.*

DIÁLOGO 31.	DIALOGUE 31.
Lívros ê leitúra.	**The books and of the reading.**
Quê está Vm. â lêr?	*What read you there?*
Úm românce múi bêm escrípto, traduzído dô inglêz, ê intituládo *O Independénte.*	*A romance wrote very well, translated of the english, entitled the independent.*
É incrível ô número quê há hôje dê semelhântes óbras.	*Now one is overflowed of these sorts of stitchings.*
Pêlo quê vêjo Vm. gósta múito dâ leitúra.	*Do you like the reading good deal too many which seem me?*
Élla sérve-me dê recrêio.	*That is to me a amusement.*
Vm. têm úma livraría assás copiósa: é próva dê quê âma âs sciências.	*You have there a library too many considerable, it is a proof your love for the learnings.*
Múitos dòs lívros, quê â compõem, não ôs lêio, ê só ôs consúlto quândo precíso.	*I have good many books I do not read, and I do not than to consult.*
Está Vm. âo alcânce dâ bélla litteratúra?	*Are you in the reach of the good litterature?*
Crêio tér já lído túdo quânto têm algúma vóga.	*I think to have read every thing what have some reputation.*
Quási tôdos ôs sêus lívros têem encadernação de marroquím, ê córte dourádo.	*I see that yours books are almost all binded in morocco leather, gilt edge.*
Tambem tênho algúns côm encadernação dê bezêrro, ôu carnêira.	*I have also any bindings in calf and on sheep leather.*
Quê alfarrábio é aquêlle quê allí vêjo?	*What is then this old book than I see there?*
É úma collecção dê...	*It is a collection to...*
Tênha â bondáde dê emprestár-m'o quândo êu fôr deitár-me.	*I pray to lend me when a shall go to bed.*

DIÁLOGO 32.	DIALOGUE 32.
Dô câmpo.	**The field.**
Mêu amígo, parêce-me quê Vm. sê dá bêm côm ô ár dô câmpo ; porquê lhê vêjo melhór cára.	*It must that the airing of the country it makes you well, my friend ; I find that you have a good look.*
Assím é ; gôzo dê melhór saúde dês quê larguêi â cidâde pâra mê dár tôdo âos trabálhos ruráes.	*I do me extremely better since I have leave the town for to deliver me at the agriculture.*
Não lhê há-de faltár quê fazêr : Vm. é senhôr d'úma excellênte térra, quê requér tòdo ô cuidádo.	*It can't you want some occupations. You have a very good ground.*
Tôdos êsses câmpos quê Vm. vê têem sído negligenciádos. Vôu mandál-os arroteár, ê lavrár.	*All the fields that you see thither were been neglected ; it must I shall grub up and to plough its.*
Parêce-me quê â térra é algúm tânto areiênta ; todavía póde vír â sêr fértil, sê â estrumárem dê têmpo êm têmpo.	*The ground seems me a little scour with sand and yet it may one make it bring up ; I want be fumed time by time.*
Acolá vêjo ô mêu casêiro â lavrár. Parêce-te quê â colhêita será bôa êste ânno ?	*Here is my farmer who plough. Think you the gathering in shall be good this year ?*
Assím ô espéro, sê ô granízo não viér crestál-a.	*I hope it ; I not fear what the hail.*
Díga-me, senhôr, quândo ô têmpo é máo, quê fáz Vm. ?	*Tell me, sir, when the weather is bad, what you make them ?*
Tênho úma bôa livraría ; lêio, ôu jógo ás cártas.	*I have a good lebrary ; I read or a play at the cards.*
É sêm dúvida quê ô visítão múitos amígos.	*Is there no doubt that you receive a visit of plenty friends ?*
Núnca estôu só ; pôis, tôdos ôs días, vêjo algúm.	*Never I am my self, they come every days.*

DIÁLOGO 33.	DIALOGUE 33.
Dâ escrípta.	**The writing.**
Dê-me úma pênna, tínta ê papél.	*Give me a pen, some ink, and paper.*
Assênte-se júnto âo escriptório, ê lá achará túdo ô quê precísa.	*Sit down by desk, you shall find every thing there what it must for to write.*
Êste papél é passênto.	*This paper blot.*
Aquí têm ôutro. Vm. recebêu notícias agradáveis ê quér respondêr-lhes: não é assím ?	*There is another. Without doubt its are agreeables news to which you propose you self to answer ?*
Engâna-se : âs mínhas respóstas são â cârtas commerciáes. Âs súas pênnas estão rachádas ê espírrão.	*Its are some commerce letters at which I have to ausmer. Yours pens have any notches, and its spit.*
Cômo âs quér Vm. ? Fínas ôu gróssas ?	*How do you like its ? Will you its are fine or broad ?*
Múito fínas. Sê Vm. têm úm canivéte, dê-m'o quê êu apararêi úma â mêu gêito.	*I forget its too fine. Don't you have no a penknife ? I go to make a pen my self.*
Tóme êste ; mâs parêce-me quê é necessário afiál-o.	*Here is one, but I think shall it want setting.*
Tambem precíso obrêias, lácre ê sinéte.	*I won't me also a wafer or some sealing wax and a seal.*
N'éssa gavêta achará Vm. fáca-dê-marfím, régra, raspadêira, arêia, etc.	*In this drawer, there is all that, falding stick, rule, scraper, saud, etc.*
Vôu dobrár â cárta, fechál-a, ê pôrlhe ô sobrescrípto. Acabêi. Quândo párte ô corrêio pâra N*** ?	*I am going to fold it, put it the envelop and write the adress. There is it ready. When do part the post for to N*** ?*
É necessário quê âs cártas estêjão nô corrêio ântes dô mêio-día.	*It must that the letters may be put before twelve o'clock.*
Êis ô cartêiro : vôu dár-lhe â mínha cárta.	*There is the postman I go to put it him again.*

DIÁLOGO 34.

O aposênto.

DIALOGUE 34.

The lodgings.

Têm quártos â alugár ?
Have you some rooms to let ?

Tênho, sím senhôr. Quê quártos quér ?
Yes, sir, I have several. What rooms do you wish to have ?

Quéro-os côm trástes. Precíso dúas alcôvas, úma sála ê cuzínha.
I want two rooms to sleep, with a parlour and a kitchen.

Pósso satisfazêl-o. Tênha â bondáde d'entrár : vôu mostrár-lhe ôs quártos. Êis â sála.
I can a accommodate you. Please to walk in, I will show you the rooms. Here is the sitting room.

É algúm tânto pequêna ; mâs, emfím, póde passár.
It is not very large, but it will do for me.

Vm. bêm vê quê lhê não fálta náda, ê quê ôs móveis são aceiádos. Aquí estão dôus canapés, sêis cadêiras, úm tapête nôvo, úm béllo espêlho, ê cortínas decêntes : é chaminé têm úm armário êm câda ládo.
You see that there is every thing necessary, and that the forniture is very neat. Here are two armchairs, six chairs, a new carpet, a fine looking-glass, and very neat curtains ; besides that, there are cupboards on both sides of the chimney piece.

Sím, senhôra, ê é ô quê mê básta. Quânto péde pôr êste aposênto câda mêz ?
Yes, madam, here is all that is necessary. What is the rent of the apartement a month ?

Cênto ê sessênta frâncos (25,600 r.).
The price is a hundred and sixty f.

Múito bêm : cá virêi dormír ésta nôite.
Well, I intend to come and sleep to night.

Sêja assím, mêu senhôr.
Very well, sir.

DIÁLOGO 35.

Côm úm livrêiro.

DIALOGUE 35.

With a bookseller.

Quê há dê nôvo êm litteratúra ?
What is there in new's litterature ?

Pôuco ôu náda: não apparêce óbra dê vúlto.	*Little or almost nothing, it not appears any thing of note.*
Entretânto â imprênsa não descânça.	*And yet one imprint many deal.*
Assím é; mâs quê imprîmem hôje? Gazêtas, folhêtos satyricos, ôu ôutras péças ephémeras; ê náda máis.	*That is true; but what it is imprinted. Some news papers, pamphlets, and others ephemiral pieces: here is.*
Mâs Vmm., senhóres livrêiros, porquê não mândão estampár bôas ôbras?	*But why, you and another book seller, you does not to imprint some good works?*
Â razão é clára; é porquê âs não vendêmos. Hôje ô público têm ô gôsto depravádo; pôucas são âs pessôas quê búscão instrucção nâ leitúra; âs máis d'éllas búscão recrêio.	*There is a reason for that, it is that you cannot to sell its. The actual-liking of the public is depraved they does not read who for to amuse one's self ant but to instruct one's.*
Todavía ôs litterátos quê cultívão ártes ê sciências não pódem deixár dê têr lívros.	*But the letter's men who cultivate the arts and the sciences they can't to pass without the books.*
São ráros ôs sábios côm sufficiêntes pósses pâra comprárem ôs lívros necessários â sêus estúdos.	*A little learneds are happies enough for to may to satisfy their fancies on the literature.*
Quânto cústa ésta boníta edição dê Shakspéare?	*What is the price of this fine Shakspeare edition?*
Cênto ê cincoênta frâncos (24,000 r.).	*A hundred and fifty franks.*
Vm. achôu ô Buffôn quê lhê pedí?	*Have you found the Buffon who I had call for?*
Só achêi â edição êm desóito, adornáda côm figúras superiormênte illuminádas.	*I have only been able to procure the octo-decimo edition, which is embellished with plates beautifully coloured.*
Quândo publíca Vm. ô sêu nôvo catálogo?	*When do you think you will publish your new catalogue?*
Sahirá á lúz lá pâra ô fím d'êste mêz.	*It will appear without fait towards the end of the month.*
Lêmbre-se dê quê precíso úm exemplár.	*Remember that I want a copy.*
Servíl-o-hêi úm dôs primêiros.	*You shall be supplied one of the first.*

DIÁLOGO 36.

Côm ô dentista.

Doêm-me ôs dêntes.

Têm Vm. úma deffluxão ôu úm dênte pôdre?

Pênso quê é úm dênte pôdre. Quér Vm. examinár-me â bôca?

Vm. têm úm dênte pôdre: quér quê lh'ô tíre?

Não mê pósso decidír â ísso; porquê â dôr é grânde.

Ô sêu dênte está dê tôdo cariádo; ê, sê ô dêixa, estragará ôs ôutros.

Então arrânque-o.

Limpár-lhê-hêi tambêm â bôca; Vm. cuidará êm conservál-a límpa, â fím quê ô esmálte dôs dêntes sê consérve: dár-lhê-hêi úma opiáta pâra fortificár âs gengívas.

Agradêço-lhe; prefíro ô enxaguár â bôca côm água, ôu úma pôuca d'aguardênte.

DIALOGUE 36.

With a dentist.

I have the teetht-ache.

Is it a fluxion, or have you a bad tooth?

I think that is a bad tooth; please you to examine my mouth?

You have a bad tooth; will you pull out this tooth?

I can't to decide me it, that make me many great deal pain.

Your tooth is absolutely roted; if you leave it; shall spoil the others.

In such case, draw it.

I shall you neat also your mouth, and you could care entertain it clean, for to preserve the mamel of the teeth; I could give you a opiate for to strengthen the gums.

I thank you; I prefer the only means, which is to rinse the mouth with some water, or a little brandy.

DIÁLOGO 37.

Côm úm lapidário.

Senhôr, móstre-me, primeiramênte, algúns annéis côm pédras fínas.

Êis úm diamânte côm múito brílho; êlle é lindíssimo.

DIALOGUE 37.

With a joweller.

Sir, show me first some rings sed with fine stones.

Here is diamond who has a beautiful lustre, it is of the finest watert.

Agráda-me múito êste annél; mâs é múito lárgo pâra mím.	*That ring would please me much, but it is too large for me.*
Êu desejára comprár úma cadêia d'ôuro pâra ô mêu relójio; porquê â quê tênho já não é dê móda.	*I wish to have a gold chain for my watch; mine is no tonger in fashion.*
Tomár-lh'â-hêi êm tróca. Vm. só perderá ô feitio.	*I can take it in exchange; you will only lose the making.*
Móstre-me algúns brínoos.	*Show me some ear-rings.*
Vêja êstes quê são fêitos primorosamênte.	*Here are some of exquisite workmanship.*
Êu quéro mandár gravár â mínha cífra n'êste sinête.	*I should wish to have my cipher engraved upon this seal.*
Dál-â-hêi âo máis hábil gravadôr.	*I will give it to the most skilful engraver.*
Móstre-me algúns alfinêtes dê bôm gôsto.	*Show me some pins of a new fashion.*
Êis úma sétta guarnecída dê brilhântes.	*Here is an arrow set in brilliants.*
Êsto topázio cercádo dê pérolas agráda-me máis.	*This topaz surrounded with pearls will please me more.*

DIÁLOGO 38. / DIALOGUE 38.

Côm úm tapecêiro. / With an upholsterer.

Precíso dôus lêitos.	*I want two beds.*
Cômo ôs quér?	*How will you have them?*
Ordinários; fêitos dê páu dê noguêira ê côm cortínas dê xita.	*Quite plain. The bed-steads of walnut-tree, the courtains of chints.*
Quér Vm. côlchas ê cobertasínhas pâra ôs pés?	*Do you choose to have quilts, or counter-pancs?*
Quéro cobértas dê lã commúns.	*I want to have the covers of common wool.*
Quântos colchões precísa?	*How many mattresses will you to have?*
São necessários pâra câda lêito dôus colchões dê lã ôu dê crína.	*For each bed, I must have two mattresses of horse-hair or wool.*
Móstre-me úma cómmoda.	*I would to have a chest of drawers.*

Êis bastântes côm ô prêço marcádo êm câda úma.	*Here are several with the price marked upon each.*
Comprarêi ésta.	*It shall fix upon this.*
Vejâmos agôra ôs sêus tapêtes.	*Now let me see your carpets.*
Aquí ôs têm dê tôda â sórte.	*Here are some af all sorts.*
Ficarêi côm êste.	*I shall thake this.*

DIÁLOGO 39.	DIALOGUE 39.
Côm â lavadêira.	**With a laundress.**
Tênho rôupa çúja. Tóme ô ról ê vêja sê ácha â cônta jústa.	*I have some linen to wash, here is bill see whether it is correct.*
Não, senhôr, fálta úm colête.	*No, sir, there is a waiscoat missing.*
Acolá está sôbre aquélla cadêira.	*It lies on the chair.*
Ensabôe-me ê láve bêm â mínha rôupa, ê âs camísas pásse-as pêla barréla.	*Who lhat be too washed, too many soaped, and the shirts put through the buck.*
Tênha éssa certêza ; pôis núnca ô fáço dê ôutro módo.	*You may be sure ; never I do else.*
Fáça prégas nâs camísas.	*You shall bend my shirts.*
Não pônha gômma nôs colêtes, ê pásse-os âo férro.	*Don't use any starch to my waiscoats, and let irons them.*
Básta. Dêntro êm ôito días terá â súa rôupa.	*Well, you shall have your linen in eight days.*
Senhôr, êis-aquí â súa rôupa.	*Sir, there is your linen.*
Tráz ô ról ?	*Do you bring the bill aloug with you ?*
Sím, sênhor.	*Yes, sir.*
Vôu contár â mínha rôupa.	*I will count over my linen.*
Dôus páres dê lençóes, etc.	*Two pairs of sheets, etc.*
Êste lênço não mê pertênce.	*There is a handkerchief which don't belong to me.*
Vólte pâra â semâna quê vêm.	*You may come again next week.*

DIÁLOGO 40.	DIALOGUE 40.
Pâra nadár.	**For to swim.**
Fâz múita cálma.	*It is very warm.*
Vâmos nadár.	*Go to row.*
Gósto máis dê vêr ôs nadadôres dô quê nadár.	*I like better to see the swimmers what to row my self.*
Ô senhôr náda bêm ?	*Sir, do you row well?*
Náda cômo úm pêixe.	*He swim as a fish.*
Êu nádo côm bóias dê cortíça. É perigôso nadár côm bexígas; porquê pódem rebentár.	*I swim on the cork. It is dangerous to row with bladders, becauses its put to break.*
Éu nádo dê brúços, de cóstas, ê êntre dúas águas. Tambêm sêi mergulhár.	*I row upon the belly on the back and between two waters: I know also to plunge.*
Não sôu tão hábil cômo Vm.	*I am not so dexte rous that you.*
Êu apênas comêço; pôis vôu á escóla de nadação.	*I do not what to begin. I am going to the swimming school.*
Ô nadar é fácil; bàsta não têr mêdo.	*Nothing is more easy than to swim; it do not what don't to be afraid of.*
Vm. vái dár-me úma lição, ê verá ô quê sêi fazêr.	*You go give me a lesson, and you will see that I know to do.*
Vâmo-nos despír.	*Tel undress us.*
Â água está excellênte: está quentíssima.	*The water is excellent, it is too hot.*
É máis agradável ô tomár bânhos êm água corrênte dô quê êm tína.	*It is more agreeable to bathe one's self in even water that in one baignoire.*
Ô têmpo embrúsca-se; relampêia; crêio quê vâmos têr trovoáda.	*The weather it is cloudy it lighten, I think we go to have storm.*
Saiâmos já dâ água.	*Go out of the water quickly.*

DIÁLOGO 41.	DIALOGUE 41.
Êm úma cása-dê-pásto.	**With a eating-house keeper.**
Vâmos jantár.	*Go to dine.*
Entrêmos êm algúm restauradôr.	*Come in an eating-house.*
Servênte, ô ról.	*Waiter, the bill of fare.*
Quê quérem comêr, senhôres?	*Gentlemen, what do you wish to eat?*
Tráz-nos sôpa d'arrôz.	*Give us a rice soup.*
Ê, pâra mím, dê aletría.	*I shall take a vermicelli.*
Êu ôs sírvo já.	*I go to help you immedeately.*
Quê vínho quérem?	*What wine do you like best?*
Dê Borgônha.	*Some Bourgogne wine.*
Dá-nos váca com batátas, ê úm biftéak á inglêza.	*Give us some beef and potatoes a beefsteak to the english.*
Quê máis quérem?	*What you shall order after?*
Úma frânga.	*A pullet.*
Cômo ácha ô cuzinhádo?	*How do you like this eating?*
Excellênte.	*Very good.*
Tráz-nos saláda.	*Bring us a salad.*
Quê quérem pára sobremêsa?	*What you shall take for dessert?*
Tráz-nos quêijo framêngo; ê amêixas passádas.	*Give us some Hollande cheese and some prunes.*
Beberêi úm copínho d'arguardênte dê gínjas.	*I will take a glass of brandy at the cherries.*
Agóra é necessário pagár.	*Now it must to pay you.*
Senhôres, não esquéção ô servênte.	*Gentlemen, don't forget the waiter.*

DIÁLOGO 42.	DIALOGUE 42.
Êm úma lója-dê-bebídas.	**In a coffee-house.**
Entrêmos n'esta lója-dê-bebídas.	*Let us go into that coffee-house.*
Quê quérem, senhôres, regêlos, limonáda?	*What will you, gentlemen? some ices, some lemonade?*
Dá-nos cervêja.	*Give us some beer.*

Ésta cervêja é múito bôa.	*That beer is very good.*
Élla não escúma múito.	*It don't foam great deal too much.*
É pôr sêr nóva.	*That is because is new beer.*
Tão bôa é â cervêja quândo fáz cálma, cômo ô café ê ô pônche quândo fáz frío.	*The beer is as good when it is warm as the coffee and the punch when it is cold.*
Ô café é bôm êm tôdo ô têmpo.	*The coffee is good in all time.*
Êlle é ô mêu almôço usuál.	*It is with that usually I breakfast.*
Pôis êu tómo chocoláte côm lêite.	*Me, I breakfast some chocolate and milk.*
Quér bebêr algúm liquôr?	*Will you take some cordial?*
Não, senhôr, êlle m'esquentaría múito: tomarêi ântes úm cópó dê orxáta ou sorvête.	*No, sir, that shall warm me too much; I shall take willingly a orgeat's glass or a sherbet.*
Ê êu tambêm.	*And me also.*
Continuêmos ô nósso passêio.	*Let us go our walk.*
Êu paguêi âo servênte.	*I have payed at the waiter.*

DIÁLOGO 43.	DIALOGUE 43.
Dà língua francêza.	**The french language.**
Vm. estúda?	*Do you study?*
Sím, senhôr, estôu vêndo sê pósso traduzír dê francêz êm portuguêz.	*Yes, sir, I attempts to translate of french by portuguese.*
Ah! Vm. aprênde ô francêz! Fáz múito bêm. Â língua franceza tórna-se-nos, câda dia, máis necessária. Quê lívros são ésses quê ahí têm?	*Then you learn the french language? You do well the french language becomes us all days too much necessary. What books have you there?*
É úma grammática ê úm vocabulário.	*It is a grammar and a vocabulary.*
Já Vm. sábe âs principáes régras dâ grammática?	*Do you know already the principal grammars rules?*
Sím, senhôr, aprendí-as dê cór.	*I am appleed my self at to learn its by heart.*
Quê óbra está traduzíndo?	*What work to you translate thither.*

Úma collecção dê péças escolhídas êm prósa.	*It is a collection choice pieces in prose.*
Vm. inda não lê ôs poétas ?	*Don't you read yet the poets ?*
Não, senhôr, porquê mê cústa múito â intendêl-os.	*The poems are yet too difficult by me.*
É provável quê já Vm. compônha algúm discursozínho êm francêz ?	*Do you compose without doubt also some small discourses in french ?*
Êu, pôr óra, só fáço thêmas.	*Not yet I don't make that some exercices.*
Fálla algúmas vêzes francêz ?	*Do you speak french alwais ?*
Sím, senhôr, mâs imperfeitamênte.	*Some times ; though I flay it yet.*
Não díga tál. Vm. já ô fálla bêm.	*You jest, you does express you self very well.*

CARTAS FAMILIARES

FAMILIAR LETTERS

Boileau á Racine.

Caro senhor, não pósso exprimir-lhe a minha surpreza ; e, bem que grandes esperanças me alentassem, não deixava, por isso, de receiar a fortuna do senhor Deão. Fez Vm. tudo ; pois lhe devemos o honroso patrocinio da senhora Maintenon. O que me embaraça é saber como desempenharei as muitas obrigações que a Vm. devo.

Adeos, meu querido senhor ; tenha a certeza que ninguem, por tantos motivos, o ama tão sinceramente como eu.

Boileau to Racine.

I can't, my dear sir, to express you my surprise ; and though I might had the greatest hopes of the world, I was not leave yet to challenge my self of the fortune of Master the Dean. Are you who have hall do, since it is to you than we owe the happy protection of Mistress of Maintenon. All my embarrassement it is to know as I will discharge my so much obligations what I ought you.

Adieu, my dear sir, believe me don't there is any body which love you more sincerely, neither by more reasons as me.

Fenelon á senhora Marqueza Lambert.

Senhora, eu já devia muito ao senhor Sacy, visto ter-me elle facilitado a leitura d'um excellente escripto ; mas essa dívida medrou mais, dês que elle me attrahio a carta com a qual V. Ex.

Fenelon at the Lady the Marchioness of Lambert.

I was indebeted already too much, my lady, at M. of Sacy, since he had to procure the reading of an excellent writing ; but the debt is very encrease from he have attractet me

me honrou. Acaso não poderei, senhora, dever a V. Ex. a leitura da segunda obra? Alêm de que a primeira infunde grande desejo d'essa leitura, eu gostosissimo ficaria recebendo esta prova de bondade que V. Ex. me promette.

Sou, com sincero respeito, perfeitamente, e para sempre, seu, etc.

the very kind letter which you did honoured to write me. I cannot at last, my lady, to be indebted to you selve the reading of second work? Besides the first do wish very much, I shall be to admiration to receive this mark of kindness what you will so kind to promise me.

It is with the most sincere respect that I am perfectly, and ever, your, etc.

Racine ao Senhor Vitart.

Como meu tio quer tratar esplendidamente o seu bispo, foi a Avinhão comprar o que aqui se não acha, deixando-me o cargo de prover a tudo. Eu, como Vm. vê, exerço optimos empregos; e sei mais do que comer a sopa; pois não ignoro o adubo que lhe convem. Conheço igualmente o que devo dar na primeira, segunda, e terceira coberta; os pratos-do-meio de que ellas hão-de constar; e mesmo alguma cousa mais; porque esperâmos dar um banquetaço com quatro cobertas, não inclusa a sobremesa.

Adeos, caro senhor, etc.

Racine to M. Vitart.

My uncle what will to treat her beshop in a great sumptuousness, he was go Avignon for to buy what one not should find there, and he had leave me the charge to provide all things. I have excellent business, as you see, and I know some thing more than to eat my soup, since I know do to prepare it. I did learn that it must give to the first, to second and to the third service, by dishes that want to join, and yet some thing more; because we does pretend make a feast at four services without to account the dessert.

Good bye, my dear sir, etc.

A Senhora Simiana ao Senhor D***.

Disserão-me hontem á noite que V. S. fôra nomeiado conselheiro honorario no parlamento; do que dou a V. S. os parabens. Compete a V. S. avalial-os justamente, proporcionando-os ao seu objecto. Parece-me todavia que V. S. tinha juz a esse logar; e eu avalio, por conseguinte, símplicissima essa nomeação. Só desejo que V. S. se persuada que, dês as menores até ás maiores cousas, tudo quanto a V. S. é relatívo, toca-me e interessa-mes ummamente.

Madam of Simiane at Master D***.

One told me last night you had been call honoray's counsellor by the parliament. I give you my compliments, sir. It is you to put there a just value, and at to proportion him to this respect. It seems me that place it was owed you of right, and that event is of most single: but I will so you could know who from the smallest till to the highest thing all that look to you touch on and interest me extremely.

Fontenelle a el-rei de Polonia Estanisláo.

Senhor,

Avalie a minha gratidão á graça que Vossa Magestade me fez, concedendo-me um logar na sua academia de Nancy, pela ideia que d'ella fórmo! Vejo-me no mesmo caso como se o imperador Marco Aurelio me admittisse em uma companhia por elle proprio organizada.

Fontenelle to the Poland's king Stanislaus.

Sire,

Think you of the my gratitude of the grace Your Majesty made me granting my self a place in their Nancy's academy, for the idea I have of her! I think me on the like case what the emperor Marcus-Aurelius was admited me at a company what he might take care to establish and to form him-self.

A Senhora Sevigné á sua filha.

Todos os dias te escrevo : esta alegria volve-me propicia ás pessoas que me pedem cartas para irem vêr-te, e isso agrada-me infinito. Entregar-te-há esta o senhor D*** : não sei como se chama ; mas é sujeito hourado e de talento. Parece-me que já aqui o vimos n'outra occasião.

Madam of Sevigné at their daughter.

*I write you every day : it is a jay which give me most favourable at all who beg me some letters. They will to have them for to appear before you, and me I don't ask better. That shall be given by M. D***. I don't know as he is called; but at last it is a honest man, what seems me to have spririt, and that me have seen here together.*

Voltaire ao Senhor d'Alembert.

Carissimo philosopho, pedem-me rogue a Vm. mande dar ao senhor abbade Espagnac o cargo de panegyrista de San Luís para o anno que vem. Se Vm. o podér fazer, obrará uma boa acção ; da qual ficar-lhe-hei summamente agradecido.

Voltaire at M. of Alembert.

My most dear philosopher, I am induce to pray you to wake give to the M. abbot of Espagnac the panegyrist charge of saint Lowis for the next year. If you can it you shall do a good action, wchich I shall be too much obliged to you.

La Motha â duqueza do Meno.

Senhora, uma queixa tenho a fazer-lhe. Por mais felizes que possâmos ser, não temos cabal satisfação cá no

Mothe to the duchess of the Maine

My lady, I have a complaint to present you. So much happy that might be one's self, one have not all

mundo. As cartas de V. Ex. são curtissimas. V. Ex. representou maravilhosamente todos os sentimentos, menos a sua loquela.

theirs eases in this world. Your letters are shortest. You have plaied wonderfully all sentiments; less her prattle, etc.

Rousseau ao Senhor Boulet.

Com um unico amigo, como Vm., qualquer sujeito estaria sempre socegado, se a gratidão excluisse a vergonha; e a minha augmenta á vista das bondades de Vm. Certo é que, servindo-me actualmente tres ou quatro pessoas, e sendo eu obrigado a sustental-as, e a pagar-lhes, carecia achega; mas bastava-me a quarta parte do que Vm. me enviou. Acho-me muito melhor; porêm vi minha vida pendente d'um fio tão delgado, qual o apègo aos mundanos nonadas. Um instante chega, senhor, em que as chimeras desapparecem; momento a cuja ventura trabalhar devêmos.

Rousseau to M. Boulet.

With a single friend as you, sir, should be one's self a lways quiet, if the acknowledgment was exclude the confusion. The mine grow to the sight of yours kindnesses. It is true that having now, by to serv me, three or four persons that it must to main tain and to pay them, I went some a heps; but I went not that of the fourth part what you send me. I am too much better, but I saw not to keep as a fillet so thin what the attachement at the idle trashes from that world. There it a moment, sir, where all fancy disappear, and to the appiness what one owe to content one's self to work.

Flechier á Senhora Roure.

Se eu muito me impacientava, senhora, em fazer-lhe um comprimento á cêrca do seu consorcio, mais gôsto sinto hoje em mandar-lh'o. Muitos annos há que o céo parecia buscal-a, ou preparar-lhe esposo digno de Vm. Elle deu-lh'o, e Vm. a elle; assim, a

Flechier a M^m^ of the Roure.

More I was impatient, madam, at do you my compliment on your wedding; more pleasure I have to do you to day. The heaven was seems, since several years, to go for or to prepare you a husband who might be worthy you. It was give you at

ventura é igual em ambas as partes. Oh! julgue Vm. de quaes bençãos será seguida a união de duas almas tão bem sorteadas!

him: the happyness it is like of one and another pars. Think which benedictions shall be followed the union of two hearts well matched!

A Senhora Maintenon a seu irmão.

Mostrei a el-rei o que me escreveste á cêrca do seu accidente; e a recepção foi qual tu desejas. Elle deixa hoje a atadura; e graças a Deos, goza perfeita saúde.

Eis a resposta do senhor Pelletier, o qual te reenvia a carta, que mandaste; visto que Monsenhor não quer receber nenhuma. Elle patenteia sisudez e moderação admiraveis, e todos estão contentissimos de o vêrem onde se acha. Escolha foi essa approvadissima: verêmos se a prosperidade o estraga.

Diverte-te, caro irmão; mas innocentemente. Pensemos na outra vida; e preparemo-nos a ella com quanta confiança podermos.

Madam of Maintenon to her brother.

I have show to the King what you had write me in their accident; he huve received as you may desire. He leave the scarf to day, and he is thank God, in good health.

Here is the answer of M. Pelletier, which you send your letter, for Mylord, which will not to receive no body. He show a admirable wisdom and moderation, and every one is admiration of see him where he is; never was been a choice more approved. We shall see on the prosperity shall be spoil him.

Rejoice you, my dear friend, but innocently. Think of the other live, and prepare as to pass there with most confidence that we may do.

Montesquieu ao abbade Nicolini.

Permitta, caro abbade, me encommende á sua amizade, recommendando-lhe o senhor Condamine. Nada, á cêrca d'elle, lhe direi, salvo que é amigo meu; mas sua celebridade dirá a Vm. outras cousas, e sua presença o resto. Querido abbade, conte com o meu affecto até á morte.

Montesquieu to the abbot Nicolini.

Allow me, my dear abbot, who I remind me of your friendship. I recommend you M. of the Condamine. I shall tell you nothing, else he is a of my friends. Her great celebrity may tell you from others things, and her presenee will say you the remains. My dear abbot, I will love you even the death.

ANECDOTAS

ANECDOTES

Achando-se Siward, duque de Northumberland, muito doente, assentou lá comsigo menoscabar sua valentia morrendo na cama. Quiz pois dar a ultima boqueada com as armas na mão; e ordenando aos seus criados o armassem até á dentuça, elles pozerão-o em uma poltrona, na qual, esgrimindo a catana, desafiava a morte como um rodomonte.

Siward, duke of Northumberland, being very ill, though, he was unworthy of their courage to expect the death in a bed, he will die the arms on the hands. As he felt to approach herlast hour he was commanded to hers servants to arm of all parts, and they were put him upon a armchair, keeping the bare-sword. He was challenged the death as a blusterer.

Cuttler, homem riquissimo e avarissimo, viajava, commummente, a cavallo e sósinho, para forrar gastos. Quando chegava, já de noite, á estalagem, fingia um achaque, para não ceiar; e ordenava ao moço da cavalhariça lhe trouxece ao quarto uma pouca de palha para metter nas botas; isso feito, mandava aquentar a cama e deitava-se; mas, apenas o criado descia a escada, erguia-se; e com a palha das botas, e a véla que lhe ficára, fazia uma fogueirinha, na qual assava um arenque-de-fumo, que extrahia da algibeira. Elle cuidava sempre em munir-se d'um motreco de pão, e subir uma garrafa d'agua; e ceiava assim quasi de graça.

Cuttler, a very rich man too many avaricious, commonly he was travel at a horse, and single for to avoid all expenses. In the evening at to arrive at the inn did feign to be indispose, to the end that one bring him the supper. He did ordered to the stable knave to bring in their room some straw, for to put in their boots he made to warm her bed and was go lo sleep. When the servant was draw again, he come up again, and with the straw of their boots, and the candle what was leave him he made a small fire where he was roast a herring what he did keep of her pocket. He was always the precaution one to provide him self of a small of bread and one bring up a water bottle, and thus with a little money.

Um cego escondeu quinhentos escudos n'um canto do seu quintal; mas certo visinho, que o bispou, desenterrou-os, e ficou com elles. O ceguinho achando que essa chelpa fizera víspere, suspeitou quem era o ratoneiro. Tratava-se porêm de recobral-a. Dirige-se pois ao visinho e diz-lhe: — "Venho pedir-lhe um conselho; tenho mil escudos; escondi metade em sitio seguro, e não sei se devo pôr a outra no mesmo logar." O visinho aconselhou-lhe que assim o fizesse: e foi logo lançar os quinhentos escudos na cova, esperando empolgar os outros quinhentos; mas o cego tendo achado o seu dinheirou, deitou-lhe a unha; e chamando o visinho, disse-lhe sorrindo-se: — "Compadre, eu, que sou cego, vi mais do que Vm., que tem olhos.

A blind did hide five hundred crowns in a corner of their garden; but a neighbour, which was perceive it, did dig up and took its. The blind not finding more her money, was suspect that might be the robed, but one work for take again it? He was going find the neighbour, and told him that he came to get him a council; than he was a thousand crowns which the half was hided into a sure part and I don't know if want, if to put the remains to the same part. The neighbour was council him so and was hasten to carry back that sum, in the hope soon to draw out a thousand. But the blind having finded the money, was seized it, having called her neighbour, he told him: "Gossip, the blind saw clearer than this that may have two eyes."

Certo individuo apresentou-se a um magistrado, que tinha uma copiosissima bibliotheca, e o qual lhe perguntou: — "Que faz Vm.? — Eu, senhor, respondeu-lhe o sujeito, escrevo livros. — Mas, acode o magistrado, inda não vi nenhum. — Oh! exclama o author, não se admire d'isso V. S.: eu nada componho para París. Apenas alguma obra minha sahe do prélo envio toda a edição á America." Eu só trabalho para as colonias."

A man one's was presented at a magistrate which had a considerable library. "What you make?" beg him the magistrate. "I do some books," he was answered. "But any of your books I did not seen its. — I believe it so, was answered the author; I mak nothing for Paris. From a of my works is imprinted, I send the edition for America; I don't compose what to colonies."

Tendo a republica Genoveza ousado ameaçar Luis XIV. foi obrigada a enviar á França o doge, acompanhado de quatro senatores (cousa nunca acontecida), a fim de desculpar-se com esse monarcha. Mostrárão ao tal doge o sumptuoso Versalhes, perguntando-lhe o que mais o maravilhava n'este sitio incantador : — " É vêr-me n'elle," responde o doge.

The Genoa republic, having dared to brave Lewis XIV, was forced to send at France, for to excuse him self to the monarch, the doge accompanied of four senators, who was without exemple. One was done see to this doge Versailles into all her splendour; then one did beg him what was strike him more in that enchanted side: "It is to meet my self thither," he was answered.

———

Certo individuo cego d'um olho apostou, contra outro de boa vista, que via mais que elle. A aposta foi aceita. — " Ganhei, brada o torto; pois eu vejo dous olhos em Vm., e Vm. só me vê um."

One eyed was laied against a man which had good eyes that he saw better than him. The party was accepted. " I had gain, over said the one eyed; why I see you two eyes, and you not look me who one.

———

Um senhor inglez estava na cama cruelmente atormentado pela gota, eis lhe annuncião um supposto medico, que possuía certo remedio infallivel contra o dito mal. — " Esse doctor, pergunta o lord, veio a pé ou em carruagem ?" — " A pé, volve-lhe o criado." — " Então, acrescenta o doente, vai já dizer a esse velhaco que ponha os quartos na rua, pois se elle tivesse o remedio, de que se gaba, andaria em coche tirado por seis ursos, e eu mesmo fôra á sua casa offerecer-lhe metade dos meus bens, para me vêr livre de tão negregada molestia."

A english lord was in their bed, tormented cruelly of the gout, when was announced him a pretended physician, which had a remedy sure against that illness. " That doctor came in coach or on foot ?" was request the lord. " On foot," was answered him the servant. " Well, was replied the sick, go tell to the knave what go back one's self, because if he was the remedy, which he exalt him self, he should roll a coach at six horses, and I would be send for him my self and to offer him the half part of my lands for to be delivered of my sickness."

———

Achando-se presente o actor Domingos a uma ceia de Luis XIV, comia com os olhos certo prato de perdizes. Notando isso el-rei, disse ao trinchante: — " Dê esse prato a Domingos." — " E tambem as perdizes, senhor? " pergunta-lhe Domingos." O monarcha, que percebeu a ideia d'esse comico, repetio : — " E tambem as perdizes." Assim Domingos, usando de labia, alcançou, com as perdizes, um prato d'ouro.

The actor Dominick seing present one's self to a supper of Lewis XIV, he had the eyes fixed over a certain plat of partridges. That prince, who had perceived it, told to the officer which was taken away : " Who one give this plat to the Dominick. — What, sir! and the partridges also? " Thus Dominick, for this dexterous request, have had, with the partridges, the plat, which was of gold.

Adoecendo um primeiro actor da Opera, quando devia ter logar uma nova representação de certa peça, os histriões escolhêrão, para substituil-o, um representante subalterno ; o qual, ao cantarolar, foi pateado ; mas, sem perder a tramantana, ficta a plateia, e envia-lhe a seguinte phrase : — " Meus senhores, não os intendo ; Vmm. querem que, por seiscentos francos annuaes, que ganho, lhes dê uma voz de tres mil? "

A first actor of the Opera seing fall sick in the time from a new representation, was choiced for to succeed him, a subaltern actor. This sang, and was whistted ; but, without to be disconcerted, he had looked fixedly the parterre and told him : " I don't conceive you ; and you ought to imagine than, for six hundred pounds that I receive every year, I shall go to give you a voice of thousand crowns? "

Certa duqueza, accusada de bruxaria, sendo interrogada por um commissario cuja cara era horrendissima, perguntou-lhe este, se vira o diabo. — " O lá se vi, respondeu-lhe a fidalga ; e por signal, .que se parecia tanto com Vm., como um ovo com outro."

A duchess accused of magic being interrogated for a commissary extremely unhandsome, this was beg him selve one she had look the devil. " Yes, sir, I did see him, was answer the duchess, and he was like you as two water's drops."

Um taful com trufa apolvilhada, mui douradinho e rescalando pivetes, conduzio á igreja, para com ella casar, uma namoradeira mui arribicada. O cura, tendo corrído com o luzío esse garrído par, diz-lhe : — "Antes d'eu articular o *conjungo* e para evitar um *quiproquo* digão-me qual de Vmm. é a noiva."

A little master frizzeled, perfumed and covered of gold, had leaded to the church, for to marry, a coquethish to the dye glistening the parson, having considered a minute that disfigured couple, told him: "Now before to pronounce the conjungo, *let avow me for fear of* quiproquo, *which from both is the bride?*

Um sujeito disse a certo religioso antes d'embarcar : — Não perca ânimo n'uma borrasca, em quanto os marujos praguejarem e blasphemarem ; mas, se os vir abraçarem-se, e pedirem reciprocos perdões, oh então tema e trema Vossa Reverencia ! " Esse frade (apenas o navio sulca o mar alto) é assaltado por um furioso temporal. Então, assustadissimo, manda um leigo, da sua ordem, á escotilha para ouvir a palestra marinhesca ; mas elle vólta logo ; e, benzendo-se co'a mão toda, diz ao Reverendo : — " Oh carissimo padre, estâmos perdidos ! Esses malvados vomitão imprecações horriveis. Se Vossa Paternidade as ouvisse, arripiar-se-lhe-hia a carne. Ellas são bem capazes de afundir esta embarcação." — " Louvado seja Deos ! exclama o religioso ! Não há perigo."

One told to a religious, already at to ambark one's self on the sea: "Don't torment you of any thing in a storm, as long as the sailors, shall jure and will blaspheme: but they could embrace, if they beg pardon reciprocally tremble you." This religious scarce at sea, that had raised a storm. The good father uneasy, was send some times a companion of their order to the hatchway, to the end what he might bring back him the discourse of the sailors. "Ah! my dearest father, all is lost, the brother come to tell him; these unappies made horrible imprecations, you would trembled to hear them; theirs blasphemes only are enough formake be lose the vessel. — God be loved, told the father! go, all shall go well."

Um viajante, a quem uma tempestade trespassára de frio, chega a uma locanda no campo ; mas acha-a tão cheia de gente, que não póde acercar-se á

A traveller, which a storm had benumb of cold, he come in a field's inn, and find it so fill of companies that he cannot to approach of the

chaminé. — "Levem ao meu cavallo um cesto de ostras," diz elle ao vendeiro. — "Ao seu cavallo! exclama este; e crê Vm. que elle as coma?" — "Faça o que lhe ordeno, retorquio o gentilhomem." Ao ouvirem esta phrase, todos os assistentes correm á estrebaria, e o nosso viajor aquenta-se. — "Senhor, disse o estalajadeiro quando voltou (a cousa é clara), o seu cavallo não quer ostras." — "Pois então (accrescenta o viajante já bem quente) eu vou comêl-as."

chimney. "What carry to the my horse a oyster's basket," tell him to the host. "To your horse cry out this. Do you think that he wake eating them? — Make what I command you," reply the gentleman. At the words, all the assistants run to the stable, and our traveller he getwarm him self. Gentleman, tell the host coming again, I shall have lay it upon my head the horse will not it. — So, take again the traveller, which was very warmed one's, then it must that I eat them."

Um clerigo protestante, mui colerico, explicava a alguns piugas nacos do Pentateuco; chegando porêm ao artigo *Balaam*, um rapazinho entrou a rir. Agastado o clerigo, rosna, ameaça e dezunha-se em provar que um burro podia fallar, mórmente vendo ante si um anjo com uma espada. O cachopo ria cada vez mais; thé que zangado o clerigo dá-lhe um pontapé. Então o crianço choramigando, diz-lhe: — "Sim senhor; convenho em que o jumento de Balaam fallava, mas não despedia couces."

A protestant minister, very choleric, was explained to the children the Pentateuco; but arriving at the article Balaam. *A young boy commence to laugh. The minister with indignation, chide, threaten, and endeavour one's to prove that a ass was can speak especeallywhen he saws before him a angel armed from a sword. The little boy continue to laungh more strong. The minister had flied into passion, and give a kick the child, which told him weeping: "Ah! I admit that the ass of Balaam did spoken, but he not did kicks."*

Um tal cavalheiro, nobre como el-rei catholico, e o Papa, mas lazeira como Job, arriba, á meia-noite, a uma aldeia de França, que só tinha um

A such gentleman, noble as the catholic king and as the pope, but poor as Job, was arrived for night into a France village where there is not that

hostão. Eil-o que lhe bate muito tempo á porta sem que o hospede acorde. Emfim, este ergue-se estremunhado ao estrondo das argoladas : — " Quem é ? berra o vendeiro lá da janella. — " Abra, abra, acode o Hespanhol ; eu seu D. João-Pedro-Fernandez-Rodriguez de Villa-Nova, conde de Badajoz, cavalheiro de Sant'-Yago e d'Alcantara." O estalajadeiro, quando isto ouvio, fechou a janella, dizendo : — " Vossa Excellencia póde continuar sua jornada ; porque eu não tenho sufficientes quartos para receber tantos fidalgos."

a single inn. As it was more midnight, he knock long to the door from that inn before to may awake the host ; in end, he did get uphim, by dint of hubbut. " Who is there ? " cry the host for window. " It is, told the Espagnishman, don Juan-Pedro-Hermandez-Rodriguez of Villa-Nova, conde of Badajoz, caballero de Sant-Iago y d'Alcantara." The host was answered him immediately in shuting the window. " Sir, I feel too much, but we have not rooms enough for to lodge all these gentlemen."

Certo mancebinho, a quem Cornelio concedêra sua filha para esposa, mas cujos negocios o obrigavão a renunciar este consorcio, veio á casa d'esse poeta, a fim de retirar sua palavra. Eil-o que se lhe introduz no gabinete, e expõe-lhe os motivos de seu proceder. — " Vm. excusava vir interromper-me, diz-lhe Cornelio, devia expôr tudo isso á mínha mulher. Suba pois ao seu quarto, porque eu sou leigo em materias casamenteiras."

A young man to which Cornelius made agreeded her daughter in marriage, being obliged for the state of theirs business to renounce that, come in the morning to the fatter for draw out her wood go till her cabinet, and expose him the motives of her conduit. " Ah ! gentleman, reply Cornelius, don't you can without interrup me, to talk of that at my wife ? Go up to the her room, I not unterstand at all these affairs."

Dous amigos que dês-de muito tempo se não tinhão visto, encontrárão-se casualmente : — " Como estás de saúde? pergunta um." — " Não muito bem, responde o outro : casei." — " Ôptima

Two friends who from long they not were seen meet one's selves for hazard. " How do is thou ? told one of the two. — No very well, told the other, and I am married from that

noticia! " — Não óptima; pois recebi uma fêmea endiabrada." — " Tanto peior." — " Não assim, porque me trouxe em dote dous mil laízes." — " Bella somma! isso consola." — " Não cabalmente, porque a gastei em carneiros, que todos espichárão de morrinha." — " É pena! " — Não é; pois suas pelles rendêrão-me mais." — " Então ficaste indemnisado?" — " Não de todo, porque o meu domicilio, que continha esse dinheiro, ficou reduzido a cinzas." — " Oh que grande desgraça!" — " Não foi grande; pois a senhora minha mulher e a casa ardêrão juntamente."

I saw thee." Good news! — " Not quit, because I had married with a bad woman." — So much worse! " Not so much great deal worse; because her dowerwas from two thousand lewis." — Well, that confort. — "Not absolutely; why I had emploied this sum for to buy some muttons, which are all deads of the rot." — That is indeed very sorry! — " Not so sorry, because the selling of hers hide have bring me above the price of the muttons." — So you are then indemnified? — " Not quit, because my house wkere I was deposed my money, finish to be consumed by the flames." — Oh! here is a great misfortune! — " Not so great nor I either, because my wife and my house are burned together."

Certo aulico crivado de dividas, achando-se doentissimo, disse ao seu confessor: — " A unica graça que peço a Deos é me dilate a vida té eu pagar a que devo." — " É tão bom esse motivo, responde o confessor, que o Altissimo não deixará de satisfazel-o." — " Ah meu padre! exclama o enfermo, se assim fôr, serei immortal! "

A man of the court being very ill and charged from debts, told to her confessor, what the single grace which he had to beg to God was that migh please to prolong her life even what he might have paied all that he did indebt. — " This motive is so good, answer the confessor, that there is occasion to stop who God hear favourable your prayer. Wither God made me that grace, was answered the sick, I would be immortal."

Certa senhora, quando jantava, ralhou com uma criada, por não ter deitado bastante manteiga n'uma igua-

A Lady, which was to dine, chid to her servant that she not had used butter enough. This girl, for to ex-

ria. Desculpou-se a rapariga, trazendo-lhe um gatinho, e dizendo o apanhára acabando de gramar os dous arrateis de manteiga que restavão. A dama empolga o gato ; lança-o n'umas balanças ; e este animalejo apenas pesava libra-e-meia !

cuse him selve, was bing a little cat on the hand, and told that she came to take him in the crime, finishing to eat the two pounds from butter who remain. The Lady took immediately the cat, was put into the balances it had not weighed that one an half pound.

Uma taberneira nunca esquecia dizer aos seus moços, quando alguns devotos de Baccho vinhão á sua bodega rociar os gorgomilos : — " Rapazes, quando esses senhores cantarem juntos, zurrâpa com elles."

A tavern-keeper not had fail to tell theirs boys, spoken of these which drank at home since you will understand : — " Those gentlemen to sing in chorus, give them the less quality's wine."

Certo labrego passando, em París, pela Ponte-do-Cambio, e não vendo fazenda em algumas lojas, quiz, esporeado pela curiosidade, saber a causa d'isso. Eil-o pois que se dirige a um cambista e inquire-lhe, em ar de piegas : " Oh ! senhor, que vende Vm. ? " Esse sujeito julgando matraquear o rustico, volve-lhe mui pausado e concho : — " Vendo cabeças de burros." — " Na verdade, acode o camponio, Vm. vende-as bem ; pois só uma lhe resta na loja."

A countryman which came through to Paris upon the bridge to the change, not had perceived merchandises in several shops. The curiosity take him, he come near of a exchange desk : — " Sir, had he beg from a look simple, tell me what you sell." The loader though that he may to divert of the personage : — " I sell, was answered him asse's heads." — " Indeed, reply to him the countryman, you make of it a great sale, because it not remains more but one in your shop."

O sophista Zenon, um dos mais despejados humanos em sustentar paradoxos, negava, em certa occasião, na

The sophist Zenon, the most hardy of all men at to sustain some paradoxes, was denied one day, be-

presença de Diogenes, a existencia do movimento. O que ouvido pelo cynico, entra logo a cabriolar, e a correr diante dos ouvintes.

fore Diogenes, the existence of the motion. This was put him self immediately to make two or three turns in the session-house.

Achando-se o commendador Forbin de Janson, com o célebre Boileau (Bebe-agua) n'um banquetaço, quiz chasqueal-o ácêrca do seu nome. — " Oh! que nome lhe pozerão? *Boileau; eu* preferíra *Boivin* (Bebe-vinho)." O poeta motejando-o igualmente, respondelhe: — " E Vm. para que escolheu *Janson* (João-farelo)? Eu quizera me chamassem antes *João-Farinha.* Ora diga-me a farinha não é melhor que a sêmea?"

The commander Forbin of Janson being at a repast with a celebrated Boileau, had undertaken to pun him upon her name: — " What name, told-him, carry you thither? Boileau; *I would wish better to call me* Drink wine." *The poet was answered him in the same tune: — " And you, sir, what name have you choice?* Janson; *I should prefer to be named* John-Meal. *The meal don't is valuable better than the furfur?"*

Santeuil ao acabar de ler um hymno seu a dous amigos, exclama, qual um energumeno: — " Isto, isto é que são versos! Virgilio e Horacio cuidavão que, depois d'elles, ninguem ousaria compor versos em seu idioma? Certo é que esses dous principes da poesia latina, havendo cortado (por assim dizer), em duas metades, a laranja, espremêrão-a, e lançárão-a fóra; mas eu corri atraz d'ella, gritando: — " Esperem, esperem senhor vate mantuano, e Vm. senhor valído de Mecenas, eu quero fazel-a em casquinhas."

Santeuil, afterwards to have read one of theirs hymnes at two friends, was cried of a tone of a demoniac: — " Here is what may call verses! Virgil and Horatio was imagined that no body, after them, not did dare to compose some verses in their language. It is sure that these two princes of the latin poesy, after to have cut for to tell so, the orange in two, and to have pressed it, have throwed out it; but I ran next to the orange, crying wait for: Sir Mantua poet, and you favourite from Mecinas, expect; I will to do it in zests."

Certo fidalgo, refinadissimo escarnicador, endereçou-se a um canuto cortezão, e perguntou-lhe o que significavão as tres palavras *frioleira, obolo, parabola.* O provocado aulico, que era prompto de mãos e lingua, atira-lhe logo á cara co'a seguinte replíca: — *Frioleira* é o que V. S. diz, *obolo* é o que V. S. vale, e *parabola*, é o que nem, V. S., nem eu, intendemos."

A gentleman of the court, great joker of nature, was resolved to delay a hold courtier, and to ask him what may signify these three words: trifle, obole, *and* parable. *The courtier that he had provoked, and which had beak and nails, he had answer him wit hout hesitate;* "Trifle, *it is what you say;* obole, *it is what you are valuable, and* parabola, *it is what we not understand nor you either me.*"

Indo um dia Alexandre á officina d'Apelles para o ver trabalhar, deu-lhe na cabeça discorrer á cêrca da pintura; mas Apelles disse-lhe sorrindo-se: — "Oh senhor! cale-se; olhe que os rapazes, que me moem as tintas, estão rindo do que Vossa Magestade exprime."

Alexander, was see to work Apelles in their work-shop, and was resolved to speak painting. But he had play off very bad, Apelles told him laughing: " Be quite, my lord, you does to laugh the boys which grind the colours."

Um medico octogenario gozava inalteravel saúde; e seus amigos davão-lhe emboras a esse respeito. — "Ah senhor doctor! dizião-lhe, Vm. é um homem admiravel. Ora diga-nos que faz para audar são como um pêro? — Eu lh'o declaro, respondeu elle (e até os exhorto a imitarem-me): vivo do producto dos meus *recipes;* mas não tómo nenhum dos remedios que aos doentes prescrevo."

A physician eighty years of age had enjoied of a health unalterable. Theirs friends did him of it compliments every days: " Mister doctor, they said to him, you are admirable man. What you make then for to bear you as well? — I shall tell you it, gentleman he was answered them, and I exhort you in same time at to follow my exemple. I live of the product of my ordering without take any remedy who I command to my sicks."

Dous ingenhos de profissão, ambos philosophos de truz, e encarniçadissimos disputantes, jantavão certo dia no palacio d'um marechal de França; o qual, satisfeito de ser bom guerreiro, não arrotava sabença. Lá no meio do banquete, eis os senhores philosophos ás lãs; e, de tal modo, que transpunhão as balizas d'uma dissertação. Vendo o marechal que esse debate degeneraria em rixa, fechou o bico aos competidores dizendo-lhes d'estalo: — "Irra! senhores! vão bugiar co'as suas disputas. Vmm. querem que a gente me ridiculize? Dirão que se fallou, em minha casa, de philosophia!"

Two fines spirits of profession both two greats philosophers and warm disputers, were to dine to France marshal who, satisfied to be a good warrior, did not offended him self not quite to be learned, to the middle of the entertainment, here are my philosophers to be fighting; they begin at to animate one's one gainst other, and keep him upon a tone which had get out of the bounds from a dissertation. The marshal seing who the contest was degenerate in a quarelle, he had put silence at two fine spirits, telling thembluntly: "Demon! gentlemen, go take and wolk with your contests; will you do me rediculovs in the world? They shall tell that may have spoken at my house from philosophy."

João II, rei de Portugal, foi decisivo. Achando-se em sua côrte dous embaixadores castelhanos, para tratarem da paz, e vendo o monarcha lusitano que elles dilatavão a negociação, entregou-lhes dous papeis, em um dos quaes estava escripto *paz*, e no outro *guerra*, dizendo-lhes: — "Escolhão."

John II, Portugal king, had taken hir party immediately. He had in her court castillians ambassadors coming for treat of the peace. As they had keeped in leng the negotiation, he did them two papers in one from which he had wrote peace, *and on the other* war, *telling them*: "*Choice you.*"

Oh quanto me regala a resposta que deu um embaixador de Veneza a certo imperante que, para zombar do leão alado, que constitue as armas d'essa republica, lhe inquirio, um dia, em

I tike the answer that had make a Venice ambassador to an emperor which do the arms of that republic, was beg him in which part of world one fond some winged lions such as

que sitio do terraqueo globo se deparavão leões aligeros, quaes se notão na armaria do estado veneziano? — " Achão-se, respondeu o embaixador, no mesmo paiz onde se encontrão aguias com duas cabeças."

those what one see into the armoiries of the venitians States. " They are did answered the ambassador, in the same countries where one see some eagles with two heads."

Tendo um adolescente composto versos latinos, mostrou-os a certo semidocto perluxissimo. Arranhou-lhe o ouvido o termo *posthac*, e tachou-o de prosaico. O mancebo affirmou ser poetico, e que s'escorava em bom author. O teimoso Aristarco, embespinhado, disse que o tal author era um ignorante; mas o mancebo arrumou-lhe ás ventas o seguinte verso de Virgilio:

Efficiam *posthac* ne quemquam voce lacessas.

A young man had done latins verses what he had showed at a half learned. That was from a difficult liking; he was clashed of the word posthac and had pretended what it was prosaic. The author did sustained that it was poetic, and that he had a good guarantee of that he told. The obstinate censor, one had warmed upon that had accused the garntee of ignorance; but the young man was answered by their Virgil verses:

Efficiam posthac *ne quemquam voce lacessas.*

Confessava-se um labrego ao seu parocho ácêrca d'um borrego que furtára a certo abegão visinho seu. — " É necessario restituir-lh'o, aliás não te absolvo." — Como ha-de isso ser, se o gramei? " — Tanto peior, tanto peior: empolgar-te-há o diabo; pois no valle de Josaphat, em presença do Altissimo, até o carneiro fallará contra ti. — Oh senhor padre! se o cordeiro lá se ha-de achar, então restituil-o-

A countryman was confessed to the parson to have robbed a mutton at a farmer of her neighbourhood. " My friend, told him the confessor, it must to return, or you shall not have the absolution. — But, repply the villager, I had eated him. — So much worse, told him the pastor; you vill be the devil sharing; because in the wide vale where me ought to appear we before God every one shall spoken

hei facilmente: não tenho mais do que dizer ao caseiro: — "Visinho, tome o seu borrego."

against you, even the mutton. How! repply the countryman, the mutton will find in that part? I am very glad of that; then the restituition shall be easy, since I shall not have to tell to the farmer: "Neighbour take your mutton again."

O poeta Scarron, pouco antes de morrer, disse a seus criados, que se debulhavão em lagrymas junto ao seu leito: — "Meus filhos, vós não chorareis tanto como eu vos fiz rir."

The Scarron poet, being almost to die, told their servants, which were weeping a bout a from her bed: "My children, you have sheded too many tears, you not shall veep as much as I had done to laugh."

Certo farroupilha pedindo, em Madrid, esmola a um sujeito, este respondeu lhe: — "Tu és môço, e melhor fôra trabalhasses, que exercer tão vergonhoso mister." — "Meu senhor, acudio o orgulhoso mendigo; eu peço-lhe dinheiro, não lhe peço conselhos.

A beggar, to Madrid, had solicited the pity of a passenger. "You are young and strong, told him that man; it would be better to work as you deliver to the business who you do. — It is money as I beg you, repply immediately the proud beggar, and not councils."

Certo astrologo havenho predicto a morte d'uma senhora, que Luis XI amava, e o acaso tendo justificado esse vaticinio, el-rei mandou chamar o astrologo: — "Ora tu que prevês tudo, disse-lhe, quando morrerás? "Avisado ou suspeitoso o astrologo de que esse

A astrologer having predicted the death from a woman who Lewis XI was liked, and the hazard having justified her prediction, the king made come the astrologer: "Thy self what foresce all, told him when thou shall die? The astrologer warned, or sus-

monarcha lhe armava um laço, respondeu-lhe : — " Eu, senhor, morrerei tres dias antes de Vossa Magestade." A superstição d'el-rei sobrepujou-lhe o resentimento ; até tomou particular cuidado d'esse refinado impostor.

pecting who this prince bent him a gin, told him : " I will die three days before your Majesty." The fear and the king's superstition was prevailed him upon the resentment ; he took a particular care of this dexterous impostor.

Certo dia Luis XI, ao encontrar Miles d'Iliers, bispo de Chartres, montado em uma mula magnificamente ajaezada, disse-lhe : — " Os bispos não caminhavão assim outro'ra ; bastava-lhes um jumento ou jumenta, que guiavão pela arriata." — " Eis a verdade, senhor, volveu-lhe o bispo ; mas isso era bom no tempo em que os reis empunhavão cajado pastorando rebanhos."

One day Lewis XI having meeted Mylos of Ilieres, Chartre's bishop, going on a mule harnessed magnificently : It is not was in equipage told him what didwalk the bishops of another time they were contents of a ass or of a she-ass, what they lead for the halter. — That is true, sir, had answer the bishop ; but that it was good in the time who the kings had not that a sheep-hook, and took care of muttons."

Certo soldado romano, que tinha uma demanda, pedio a Augusto o apadrinhasse. Esse imperante ordenou a um aulico conduzisse o guerreiro á morada dos juizes ; porêm este atreveu-se a dizer a Augusto : — " Eu não obrei assim para com Vossa Magestade, quando correu perigo na batalha d'Accio : combati pessoalmente por Vossa Magestade. " E mostrou-lhe as feridas que lá recebêra. Doeu-se tanto Augusto d'esta exprobração, que elle mesmo foi ao tribunal defender esse militar."

A roman soldier had a process, he had asked at Augustus to protect him, the emperor gave hima of their courtiers for to lead him to the judges the soldeirwas audacious enough for to tell at Augustus : " I have not made use so my lord with you, when you were in danger in the battle of Actium ; I self had combated from you." Telling these words he had discovered the wound who he had keeped. This reproach had touched at August in such amanner that he was him self to the bar to defend that soldier.

Entregou certo alchimista ao papa Leão X um livro cuja epistola dedicatoria lhe era endereçada. Ao abril-o vio que se intitulava: — *Verdadeiro modo de fazer ouro.* — Mandou então o pontifice que lhe trouxessem uma bolsa vasia, com a qual mimoseou o alchimista, dizendou-lhe: — "Já que Vm. faz ouro, só lhe falta onde o guarde."

The pope Leon X had received of the hands from a alchimist a book which the dedicatory epistle was directed him. Since he had open it, he had seen that it had for title: the realy manner to make any gold. *He had ordered that bring him immediately a empty purse, which he made present to the alchymist, telling him: "Then you make some gold it won't, what a place for to put it."*

Um homem que comia tanto como seis, apresentou-se ante Henrique IV, esperançado em que este lhe daria com que cevar-se mais á rasga. Como el-rei já tinha ouvido fallar d'esse illustre lambaz, perguntou-lhe se era certo comer elle tanto como seis?" — "É, senhor, volveu-lhe." — "E tu trabalhas â proporcão?" continuou o monarcha. — "Eu trabalho como outro homem da minha força e idade." — "Apage! brada el-rei, se o meu reino contivesse seis comilões como tu, mandava-os enforcar, para preserval-o da fome."

A man which had eaten so many than six was presented him self before Henry IV, in the hope that this king shall give him what to keep a so great talent. The king which had heard speak already of this illustratious eater, did beg him whether what told of hir was true, that he eat as much that six. "Yes, sir," had answered him. "And you work proportionably?" had continued the king. "Sire, repply him, I work so much than another of my force and age. — For shame! tell the king, if I had six men as thy in my kingdom, I should make to hangup of like eaters would have it hungry soon."

Socrates, pagão virtuosissimo, foi accusado por impio, sendo victima da inveja e fanatismo. Ao declararem-lhe que os Athenienses o tínhão condemnado á morte, disse: — "E elles o

The most vertious of the pagans, Socrates, was accused from impiety, and immolated to the fury of the envy and the fanaticism. When relate one's him self that he was been

são pela natura." — "Mas essa condemnação é injusta, grita sua mulher." — "E tu quizeras, replicou elle, que fosse justa?"

condemned to the death for the Athenians: "And them thold him, they are it for the nature. — But it isan unjustly! cried her woman. "Would thy replied-him that might be justly?"

Uma patrulha encontrou de noite certo individuo, que levava uma bojuda garrafa dc vinho, e perguntando-lhe o que tinha sob o capote, respondeu-lhe, gracejando: — "Tenho um punhal." — "Mostra-o cá, bradão." Então esse marmelo, dando-lhes a botelha, elles esgotão-a; e, entregando-a depois a seu dono, dizem-lhe: — "Como tu és nosso amigo, entregamos-te a baínha."

A patrol had meeted during the night a individual what had carried a wine bottle. This having asked what he had under hir cloak, he and answered jesting: "A poniard. — We will look it," had replied the others. Our man present immediately her bottle, these had taked possession of it and they had given back it empty telling: "Here, as thou art one of our friends, we deliver the scabbard."

Certo juiz havendo ordenado aos gendarmas engalfinhassem um criminoso, este individuo teve a audacia de dizer-lhe na cara: — "Vm. parece-se com Pilatos." — "Ao menos, respondeu-lhe o juiz, condemnando eu um tão grande patife, qual tu és, não preciso lavar as mãos."

A judge having ordered at any gendarms to arrest a criminal, this conducted at her presence, was shamness enough far to tell him that he was semed to Pilatus. The judge was answered him: "Condemning a so great rogue as thee, I shall not have at less to wash my hands."

Passeiando um dia pelo campo, com alguns amigos, o philosopho Platão, elles mostrárão-lhe Diogenes, embebido n'agua té á barba. A superficie d'essa agua estava gelada, menos o

Plato walking one's self a day to the field with some of their friends. They were to see him Diogenes who was in to water untill the chin. The superficies of the water was snowed.

buraco que Diogenes abrira. — "Não olhem para elle, disse Platão aos taes amigos, e brevemente deixará o charco."

for the reserve of the hole that Diogenes was made. "Don't look it more told them Plato, and he shall get out soon."

Entrando Diogenes um palacio cozido em ouro, e folheado de marmore examinou-lhe as lindezas; mas, expellindo dous ou tres apupos co'o trazeiro, e tossindo, lançou um escarro á cara d'um Phrygio que lhe mostrava o tal palacio: — "Meu amigo, disse-lhe elle, inda não vi sitio mais sujo do que este para se lhe escarrar."

Diogenes was meeting him self in a magnificent palace where the gold and the marble were in wery much great. After have considering all the beauties, he began to cough, he made two or three efforts, and did spit against a Phrygian faces which show him hir palace. "My friend, told him, I have not see a place more dirty where I can to spit."

Veio um homem consultar esse philosopho á cêrca da hora em que devia comer. — "Se és rico, respondeu-lhe, come quando quizeres; e, se pobre, quando poderes."

A day came a man consult this philosopher for to know at o'clock it was owe to eat. "If thou art rich, told him eat when you shall wish; if you are poor, when you may do."

Dando uma quéda Philippe, rei de Macedonia, e vendo a extensão de seu corpo impressa na poeira, exclamou: — "Grandes deuzes! como é acanhado o espaço que, n'este universo, occupâmos!"

Philip, king's Macedonia, being fall, and seeing the extension of her body drawed upon the dust, was cry: "Greats gods! that we may have little part in this univers!"

Respondia Afonso, rei d'Aragão, ás pessoas que lhe perguntavão quaes erão seus melhores e mais fieis conselheiros : — " Não conheço outros senão os livros ; pois estes, sem movidos ser por intriga ou interesse, ensinão-me o que saber desejo."

Alphonsus, king's Aragon, did answer at which who did ask him who were their bestand their more loyals counsellors, what he don't know others that the books ; for these, without to be moved for the intrigue or the interest, they did inform to him all what he was wish to how.

Cesar vendo, um dia, em Roma, alguns estrangeiros riquissimos, trazerem em braços cãesinhos e macaquinhos, affagando-os carinhosamente, inquirio-lhes (e com razão) se as mulheres, na sua terra, não tinhão filhos ?

Cesar, seing one day to Roma, some strangers very riches, which bore between hir arms little dogs and little monkeies and who was carressign them too tenderly, was asking, with so many great deal reason ; whether the women of her country don't had some children ?

Exhortavão Henrique IV a tratar rigorosamente algumas praças da liga, que elle sujeitára. — " A satisfação que da vingança se colhe, respondeu esse generoso monarcha, é momentanea ; mas a da clemencia, é eterna.

One did exhort Henry IV to treat rigorous by some places of the league, what he had reducted for the force. " The satisfaction that take off of the vengeance not continue than a minute, told this generous prince ; but that which is take of the clemency is eternal."

Selim I^{ro}, imperador dos Turcos, contra o uso de seus antecessores, cortava a barba. Certo sujeito perguntando-lhe a razão d'isso, Selim respondeu-lhe : — Corto-a para que meus conselheiros não me tirem por ella, como fizerão a meu pae."

Selim I, Turk's emperor, did shove one's self the, in a contrary manner to the use of their ancestros. Some one asking to him the motive of that : " It is to the end who my counsellors not lead me for the beard, as they made to my father."

Henrique IV foi arengado, certo dia, por um embaixador; o qual encetou seu discurso no seguinte modo: — "Senhor, quando o grande Scipião chegou ante Carthago..." El-rei prevendo que a falla do embaixador seria longuissima, interrompeu-o dizendo: — "Quando Scipião arribou a Carthago tinha jantado, e eu inda estou em jejum."

A day Henri IV was harangued for ad ambassador, which began for these words: "Sire, when the great Scipio was arriving near Carthagus." The king was foresce at this beginning length tedious of the discourse, and that wish make to feel it to ambassador, he was interrupt him telling to hir: "When Scipio was arrive to Carthagus, he was dine, and me, I am fasting."

Durante uma noite escurissima, um cego palmilhava as ruas com uma lanterna na mão, e uma bilha cheia ás costas. Certo mancebo que corria, topa-o; e, admirado da luz, diz ao cego: — "De que te serve essa claridade? Dia e noite não te são iguaes?" — "Esta lanterna, responde o cego, não me alumia; mas impede que esturdios, qual tu és, me deem bote, e me quebrem a bilha."

At the middle of a night very dark, a blind was walk in the streets with a light on the hand and a full jar upon the back. Some one which ran do meet him, and surprised of that light: "Simple that you are, told him, what serve you this light? The night and the day are not them the same thing by you? — It is not for me, was answering the blind, that I bring this light, it is to the and that the giddie swhich seem to you do not come to run against me, and make to break my jar."

IDIOTISMOS E PROVERBIOS

IDIOTISMS AND PROVERBS

A necessidade não tem lei.	*The necessity don't know the low.*
Dar de narizes a alguem.	*To meet any-one nose at nose.*
Pouco a pouco o passaro faz seu ninho.	*Few, few the bird make her nest.*
Mais vêem quatro olhos que dous.	*Four eyes does see better than two.*
Tantas cabeças, tantas sentenças.	*So many heads so much opinions.*
Entra-me por um ouvido e sahe-me por outro.	*What come in to me for an ear yet out for another.*
As paredes teem ouvidos.	*The walls have hearsay.*
Está na espinha.	*He has not than the skin on the bones.*
Quem bem ama, tarde esquece.	*Which love well no forget to.*
Fallou com o coração nas mãos.	*He spoken at open heart.*
Elle tem rasca na assadura.	*He has a part in the coke.*
Morreu como uma luz que se apaga.	*He ran through as a candle.*
É boa massa de homem.	*It is a good natured soul.*
Tem as guelas ladrilhadas.	*He has the throat paved.*
Não tem casa nem lar.	*He has not neither fire nor place.*
Pagar-se por suas mãos.	*To pay one's self for hers hands.*
Não merece o pão que come.	*He is not valuable to breat that he eat.*
Pagarei na mesma moeda.	*I shall pay with the same money.*
São contos de velhas.	*Its are some blu stories.*
Não veio para enfiar perolas.	*He not came for to thread pearls.*
Os peixes maiores comem os menores.	*The great fishes eat the small.*
Anda de gatinhas.	*He go to four feet.*
Passárão o rio a pé enxuto.	*They have passed the river dried up.*
Quem tem dinheiro faz o que quêr.	*With some money, one come to end of all.*
Quanto mais tem, mais deseja.	*More he has, more he wish to have.*
Por dinheiro baila o perro.	*Nothing some money, nothing of Swiss.*

Cada um para si, e Deos para todos.	*Every one for him, and God for all.*
Descobrio a mercia.	*He has discorvered the pot to roses.*
Lança poeira nos olhos.	*He throw the dust to eyes.*
A desconfiança é mãe dos discretos.	*The diffidence is mother of securety.*
Foi apanhado em fragrante delicto.	*He was taken in the fact.*
Escapar á sordina.	*March off without dram nor trumpet.*
As mãos lhe comem.	*The hands are to itch to him.*
Quer sahir com a sua.	*He wont have of it the disapointment.*
Aprendeu á custa alheia.	*He becomes wise to expenses of others.*
Logo me deu em rosto.	*He has please me in the beguining.*
Dar grandes gargalhadas.	*Laugh at throat displaied.*
É levar agua ao mar.	*It is carry some water the river.*
Elle pesca em agua turva.	*He sin in trouble water.*
Isso faz agua na boca.	*That make to come water in the mouth.*
Grita antes que o esfollem.	*He cry before that one take off him.*
Quem muito abraça pouco alcança.	*Which too embrace bad he bind.*
A bom intendedor poucas palavras bastão.	*The wise understand to half word.*
Está como o peixe n'agua.	*He is like the fish into the water.*
Trazer alguem entre dentes.	*To have any one between the teeth.*
Hir de bispo a moleiro.	*To become of bishop miller.*
Dorme como um arganaz.	*He steep as a marmot.*
Fazer vir agua ao moínho.	*To do come the water to the mill.*
Mais vale ser invejado que condoído.	*It is better to do envy that pity.*
Tomar o céo co' as mãos.	*Take the moon with the teeth.*
Mais vale um ruim concêrto, que uma boa demanda.	*A bad arrangement is better than a process.*
Elle tem bico.	*He has a good beak.*
Está armado de ponto em branco.	*He is armed of foot at up.*
Na terra dos cegos o que tem um olho é rei.	*In the country of blinds, the one eyed men are kings.*
Do dito ao feito vai muita differença.	*A thing is tell, and another thing is make.*
Isso é outro cantar.	*It is another song.*
Quem carne come, carne cria.	*The flesh nourish flesh.*
Estou sôbre as brazas.	*I am over the small coals.*
A bom gato, bom rato.	*Tit for tat.*
Fazer tôrres de vento.	*To build castles in Espagnish.*
Fugir do fogo e cahir nas brazas.	*To dig of fire and to fall on small coals.*
Gato escaldado da agua fria tem mêdo.	*Cat scalded fear the cold water.*

Mais vale um passaro na mão, que cem voando.	*A take is better that two you shall have.*
Quem o feio ama, formoso lhe parece.	*What is loved seems hand some.*
Tomar uma cousa ao pé da letra.	*Take a thing to near of the letter.*
Em fallando do ruim, olhai para a porta.	*Spoken of the wolf, one see the tail.*
Comer o pão que o diabo amassou.	*To eat of the cow mad.*
Ter memoria de gallo.	*To have a hare memory.*
Pôr o carro diante dos bois.	*To put the plough before the oxen.*
O barato sahe caro.	*The cheap becomes dear.*
A ociosidade é mãe de todos os vicios.	*The idleness in the begining of all the vices.*
Prometter montes de ouro.	*To promise gold's mounts.*
Morder no anzol.	*To bite in the hook.*
Quem se pica alhos come.	*That which feel one's snotly blow one's nose.*
Pegar a alguem pela palavra.	*Take some one to the word.*
Estar feito uma sopa.	*To be weted even to the bones.*
Come a dous carrilhos.	*He eat to coaches.*
Presumir de discreto.	*To do the fine spirit.*
O habito não faz o monge.	*The dress don't make the monk.*
O homem propoe e Deos dispõe.	*The man propose, and God dispose.*
Atirar com o cabo atraz do machado.	*To throw the handle afterwards the axe.*
Elle vive de calotes.	*It is a sharper.*
Quem tem lingua vai a Roma.	*With a tongue one go to Roma.*
A occasião faz o ladrão.	*The occasion make the thief.*
Não há regra sem excepção.	*There is not any ruler without a exception.*
Sôbre o gosto não há disputa.	*It want not to dispute on passions.*
Tirar a braza com a mão do gato.	*Take out the live coals with the hand of the cat.*
Quem busca acha.	*Which looks for, find.*
A cavallo dado não se lhe olha para o dente.	*A horse baared don't look him the tooth.*
Tomar a occasião pelos cabellos.	*Take the occasion for the hairs.*
Isso não vale um cominho.	*That is not valuable a obole.*
Revolver céo e terra.	*To move heaven and earth.*

Elle tem campo largo.	*He has the key of the fields.*
Dar de ôlho a alguem.	*To do a wink to some body.*
Olhar com o rabo do ôlho.	*To look of the corner of the eye.*
Comprar gato em sacco.	*To buy a cat in pocket.*
Fazer a conta sem a hospeda.	*To count whethout her guest.*
Ter o diabo no corpo.	*To have the devil in to body.*
De uma via fazer dous mandados.	*To make from a stone two blows.*
Crescer a palmos.	*To grow at the eye sight.*
Tantas vezes vai o cantaro á fonte até que quebra.	*So many go the jar to spring, than at last rest there.*
Come até mais não poder.	*He eat untill to can't more.*
Elle tem boa ponta de lingua.	*He has a good top tongue.*
Deixar tudo á boa ventura.	*To leave all to forsaking.*
Cão que ladra não morde.	*The dog than bark not bite.*
O que sobeja não faz mal.	*What is in abundance not hurt.*
Estão como cão com gato.	*They are as dog and a cat.*
Ser prompto de mãos e lingua.	*To have beak and nails.*
Ajuda-te, que Deos te ajudará.	*Help thy, that God will aid thee.*
Quem ama a Beltrão, ama o seu cão.	*Which like Bertram, love hir dog.*
Escapou de boa.	*He has escape at hand some.*
Elle faz tudo a trochemoche.	*He makes all without order.*
Quem compra e mente na bolsa o sente.	*He lies to expenses of her purse.*
Governa tua boca conforme tua bolsa.	*According thy purse rule thy mouth.*
Fazer da necessidade virtude.	*To make of the necessity virtue.*
Cada louco com sua teima.	*Some one has her madness.*
Quem tem a culpa pague a pena.	*This who break the glasses pay them.*
Gela a fazer estalar as pedras.	*It freezes to break the stones.*
É preciso lograr a occasião.	*It want to beat the iron during it is hot.*
Não é cada dia festa.	*It is not every day fest.*
Quem espera desespera.	*The expectation do to die.*
Depois do asno morto cevada ao rabo.	*After the death, the doctor.*
Os dinheiros do sacristão cantando veem, cantando vão.	*What comes to the flute sound, go one's to the drum sound.*
A palavras loucas, orelhos moucas.	*To the foulish words, no answer.*
É louco rematado.	*He is mad to bind.*
Ter um pé na cova.	*To have a foot in the hole.*
Em um abrir e fechar d'olhos.	*In a trice.*
Elle tem boa ponta de lingua.	*He has the tongue very free.*
Elle deve mais dinheiro do que pesa.	*He is more in debt but he weigh.*

É um bonacheirão.	*He is a good devil.*
Não é o diabo tão feio como o pintão.	*He is not so devil as he is black.*
Sabe isso na ponta da unha.	*He know upon the end of the finger.*
Não sabe onde dar co'a cabeça.	*He don't know where give with the head.*
Não daria uma sêde d'agua.	*He would not give a glass water.*
Dormir toda a manhã.	*To sleep all morning.*
De noite todos os gatos são pardos.	*I upon the night all cats are gray.*
Os amigos conhecem-se nas occasiões.	*One know the friends in the necessity.*
Mais vale só que mal accompanhado.	*It is better be single as a bad company.*
Tudo lhe vem a pedir de boca.	*All comes to him at wish.*
Quem cala, consente.	*Which not tell a word consent.*
Deu aos calcanhares.	*He has turned the heels.*
Tal amo, tal criado.	*Such master, such valet.*
Quem nada arrisca nem perde, nem ganha.	*Which not risk nothing has any thing.*
É fino como um coral.	*He is fine as a fox.*
Pedra movediça nunca mofo a cubiça.	*The stone as roll not heap up not foam.*
Emprenhou o monte e nasceu um rato.	*The mountain in work put out a mouse.*
Cada terra com seu uso, cada roca com seu fuso.	*Every country has their uses.*
Os bons padecem pelos máos.	*The good suffer for the bad men.*
Hir de mal a peior.	*To go of bad in worse.*
Derão-lhe com a porta na cara.	*They shurt him the doar in face.*
Antes que cases, mira o que fazes.	*It before that you marry look twice.*
Tornou atraz com a palavra.	*He was failling to her word.*
Estar em pernas.	*To be bare legs.*
Está em corpo ou em pello.	*He is bare.*
Elle não é para brincos.	*He not understand the jest.*
Com o tempo madurão as uvas.	*With the time come one's to the end of all.*
Cabeça grande, pouco juizo.	*Big head, little sens.*
Pescar em agua turva.	*To fish into a muddy water.*
Deu no ponto.	*He has fond the knuckle of the business.*
Palavras e pennas o vento as leva.	*Words and feathers the wind carry them.*
Muda-se como grimpa.	*He turns as a weath turcocl.*
São dous corpos e uma alma.	*They are two bodies in a soul.*

É homem com duas caras.	*He is a man at two faces.*
Vogue a galé, venha o que vier.	*Come weal, arrive what he may be.*
Elle quer subir ao céo sem azas.	*He wish to fly without wings.*
Todo o peccado consegue perdão.	*All sin has mercy.*
Em casa do ladrão não lembrar baraço.	*It wants to speak of the rope a in the house of a hanged.*
Uma mão lava a outra, e ambas o rosto.	*A barber shave another.*
Palavras não enchem barriga.	*The words not fill the belly.*
Barriga farta, pé dormente.	*One sleep when the belly is fill.*
Cada qual sente seu mal.	*Every one feel hers pains.*
Lobo faminto não tem assento.	*Belly famished has no ears.*
A boa fome não há máo pão.	*To good appetite it not want any sauce.*
Acordar o cão que dorme.	*To awake the cat as sleep.*
Não há melhor mostarda que a fome.	*There is not better sauce who the appetite.*
O homem é fogo, a mulher é estopa, vem o diabo, e assopra.	*The fire is not very far of the tows.*
O mal entra ás braçadas e sahe ás pollegadas.	*The pains come at horse and turn one's self at foot.*
Cada um chega a braza á sua sardinha.	*Some one find her advantage.*
Cada porco tem o seu san' Martinho.	*Some body to her turn.*
Fallai do ruim, olhai para a porta.	*When one speak of the wolf, one see the tail of it.*
Em toda a parte há um pedaço de máo caminho.	*Every where the stones are hards.*
Não tem eira, nem ramo de figueira.	*He is beggar as a church rat.*
Quem compra e mente na bolsa o sente.	*To lie to expenses of her purse.*
O cavallo engorda com a vista de seu dono.	*The eye of the master fallen the horse.*
Tantas vezes vai o cantaro á fonte, que por fim quebra.	*So much go the jar to spring that at last it break there.*
É mais conhecido que cão ruivo.	*He is more knowed what Barrabas to the passion.*
Mal me querem minhas comadres, porque lhes digo as verdades.	*All trulths are not good to tell.*
Matar d'uma cacheirada dous coelhos.	*Make of a stone two blows.*

Por onde vás, assim como vires, assim farás.	*It want to howl with the wolfs.*
Quando te derem o porquinho, acode com o baracinho.	*It want to take the occasion for the hairs.*
Não é o mel para a boca do asno.	*It is not for you that the oven is heated.*
Tomar o céo co' as mãos.	*Take the moon with the teeth.*
Agua molle em pedra dura, tanto dá até que fura.	*To force to forge, becomes smith.*
A gallinha da minha visinha é mais gorda que a minha.	*One find always the field of neigboor best than the hir.*
Ainda não sellámos, já cavalgâmos.	*It want not sing the triumph before the victory.*
Dá Deos o frio conforme a roupa.	*God give the cold according the dress.*
Cré com cré, lé com lé.	*Each with hir like.*
Acabou-se a festa, tomai o toldo.	*Keep the curtains, the farce is played.*
Tirar a sardinha com a mão do gato.	*Keep the chestnut of the fire with the cat foot.*
Amizade de menino é agua em cestinho	*Friendship of a child is water into a basket.*
Anda baldo ao naipe.	*The waters are lows to him.*
Dourar a pirola.	*To gild the pill.*
Nem tudo o que luz é ouro.	*All what shine is not gold.*
Trazer alguem entre dentes.	*To have any one between the teeth.*
Dar pancada de cego.	*To strick as a deaf.*
Pôr os pés á parede.	*To put the feet to wall.*
Barriga vasia não tem alegria.	*Famished belly has not ears.*
A bom intendedor meia palavra lhe basta.	*A word to the wise.*
Ha males que veem por bem.	*At some thing the misforte is good.*
Despedir-se á franceza.	*Burn the politeness.*
Dize-me com quem andas, dir-te-hei as manhas que tens.	*Tell me whom thou frequent, I will tell you which you are.*
Levar agua ao seu moínho.	*Do come the water to mill.*
Com todos os *ff* e *rr*.	*To put the points on the* i.
Amigos, amigos, negocio á parte.	*The good accounts make the good friends.*
Quem calla, consente.	*Which not tell word consent.*
Cada ovelha com a sua parelha.	*Who is alike to meet one's.*

Barriga cheia, cara alegre.	*After the paunch comes the dance.*
Beber como um funil.	*Drink as a hole.*
Da mão á boca se perde a sopa.	*Of the hand to mouth, one lose often the soup.*
Comer como um boi.	*To eat as a ogre.*
É um cesto roto.	*It is a basket bored.*
Buscar agulha em palheiro.	*To look for a needle in a hay bundle.*
Esperar hòras e horas.	*To craunch the marmoset.*
Disputar por dá cá aquella palha.	*To dispute upon the needle top.*
Cahir no logro.	*To give in the paunel.*
Andar n'um pontinho de aceio.	*To live in a small cleanness point.*
Não se colhem trutas a bragas enchutas.	*It must to break the stone for to have almond.*
Cantar a palinodia.	*To sing the palinody.*
Fazer das tripas coração.	*To do good appearance at a bad game.*
Comprar nabos em saco.	*To buy cat in pocket.*
Esta como o peixe n'agua.	*To be as a fish into the water.*
Deitar perolas a porcos.	*To make paps for the cats.*
Untar as mãos, o carro.	*To fatten the foot.*
Voltar á vaca fria.	*To come back at their muttons.*
Metter uma lança em Africa.	*To find the magpie to nest.*